D1722963

Hin is' hin

Martin Reiter

Hin is' hin

Kuriose und lustige
Marterlsprüch' aus den Alpen

A&M
Weltbild

Bildnachweis:
Alle Fotos von Martin Reiter
Motive am Umschlag und ab Seite 141:
Museumsfriedhof Tirol, A-6233 Kramsach
www.museumsfriedhof.info

www.AuM.at

Sonderausgabe für A&M / Weltbild, Salzburg

Copyright © 2007 by Edition Tirol

Einbandgestaltung: Martin Reiter
Gesamtherstellung: CPI Moravia Books s.r.o., Pohorelice
Printed in the EU

ISBN 978-3-902509-68-0

2010 2009 2008 2007
Die letzte Jahreszahl gibt die aktuelle Lizenzausgabe an.

Kurz angemerkt

Marterlsprüche und Grabinschriften, welche sich als originelle Reime, durch charakteristische Ausdruckweise, durch eigentümliche, überraschende Wendungen oder auch sonst eine Weise auszeichnen und oftmals für unsere Verhältnisse eine gewisse Komik oder Kuriosität widerspiegeln, kann man heute bereits als Seltenheit bezeichnen.

Vor gut 100 Jahren waren sie aber noch im gesamten deutschsprachigen Raum anzutreffen, vorwiegend jedoch im Alpenland.

Heute sind sie nahezu alle verschwunden, denn viele fanden sich auf hölzernen Kreuzen, die aufgrund ihres Materials ein natürliches Ablaufdatum hatten. Um 1900 wurden sie vielerorts durch Grabsteine, schmiedeeiserne und gusseiserne Kreuze ersetzt. Dazu kam auch das Auflassen alter Friedhöfe und deren Neuanlage außerhalb der gewachsenen Ortskerne. Grabmale und Sprüche gingen so verloren.

In alten „Stammbüchern", Pfarrmatriken und auf Originaltafeln in Museen sowie in Privatbesitz konnten sich aber einige Sprüche bis in unsere Zeit herüberretten. Die unfreiwillige Komik der „Marterl- und Grabpoesie" hat um 1900 mehrere Schriftsteller animiert, nach ihrem Beispiel neue Sprüche zu verfassen. Teilweise können deshalb heute oftmals Originalsprüche und Nachahmungen nicht mehr unterschieden werden, da sogar die „Plagiate" vielfach mit „Herkunftsorten" versehen wurden.

Wissenschaftler und Schriftsteller wie Ludwig von Hörmann, Anton Dreselly oder auch Karl Wolf haben Sprüche von Marterltafeln, Grabkreuzen und -steinen, von Votivtafeln, Feldkreuzen und Leichenbrettern gesammelt und veröffentlicht.

Karl Schönherr und Rudolf Greinz verfassten selbst Sprüche, die sie auch publizierten.

In diesem Buch findet sich ein buntes Sammelsurium kurioser und lustiger Marterl- und Grabsprüche. Sie stammen teilweise aus den oben genannten Sammlungen, teils wurden sie von mir selbst in über zwei Jahrzehnten vielerorts gefunden und aufgeschrieben. Die ursprüngliche Schreibweise wurde im Buch beibehalten. Viel Spaß beim Lesen!

St. Gertraudi, im Juni 2007   Martin Reiter

Marterlsprüch'
für abg'stürzte
Bergkraxler

Christliches Andenken an
MATHIAS GEIGER
Mitglied des Touristenklubs
und unermüdlicher Bergsteiger,
dem an diesem Fleckel stille stund
seines Lebens Uhrenzeiger.
Es dauerte kaum mehr als
fünf oder sechs Sekunden,
da war seine Seel' im Himmel
und sein Leib da drunten.
Leider hat man von ihm
nur mehr den Rucksack g'funden.

†††

Allhiero an diesem
schauerlichen Felseng'wänd,
fanden durch jähen Absturz
ihr gottseliges End'
zwei Hüterbuben,
vier Goaß und eine Kuh,
Herr, gib ihnen die ewige Ruh'!

O du liebes grundgütiges Herrgottel,
Erbarme Dich gnädig
über den armen Schrofentottel,
Der plötzlich durch
die wilde Kitzlochklamm
Auf dem allernächsten Weg
in Deinen Himmel kam.
Seile ihn gut an bei Dir droben,
diweil am End'
Er ansonst gar noch aus dem Himmel
herunterpurzeln könnt'.

†††

Hier kugelte hinunter
August Lindemann aus Berlin,
Dereinstens war er lebendig,
nunmehro ist er hin.
Wenn sie zu viel
in unseren Bergen reisen,
Kann Sotanes passieren
auch noch andern Preißn.

Wanderer,
lies mit Andacht
mein Votivtaferl,
Ich Johann Evangelist Moser mach'
in dieser Schlucht nur
ein kurzes Schlaferl;
Zwischen Felsen, Schrunden,
Grat und Steine
Verlor ich plötzlich
den Zusammenhang
all meiner Beine.
Doch lass mich erst hören
des jüngsten Tags Posaunen,
Dann, o lieber katholischer Christ,
sollst du staunen,
Wie ich im Handumdrehen
ganz geschwind
Mein verstreutes Beinerg'raffel
wieder z'sammen find'.

†††

Hier lieg'n begraben unter Schnee und Eis
zwei brave Bayern und ein Preiß
Bet' für die Bayern lieber Wandersmann,
der Preiß, der geht di gar nix an.

†††

Kurz ist das Erdenleben
mit aller Freud' und Qual,
Das musste auch erfahren
Peter Unterkircher,
weiland Postoffizial.
Er tat hier oben nur
ein ganz klein wenig rasten
Und benützte alsodann
diesen Felskamin als Briefkasten,
Um sich darin mitsamt Leib und Leben
Zur Beförderung in ein
besseres Jenseits aufzugeben.

†††

Herr Friedrich Wilhelm Meyer,
Privatier aus Sachsen,
Brach das G'nack sich hier
und beide Haxen.
Dieweil er in einem
solchen Zustand nicht
mehr weiter kunnt,
Blieb er gleich für ewig
in diesem Felsenschlund.

†††

Vor drei Uhr schon
bin ich hinauf gestiegen,
Und knapp nach fünf Uhr
tat ich allbereits
herunten liegen.
Hätt' so was ich geahnt,
ich dümmstes Schaf
von allen Schafen,
Dann hätt' ich lieber mich
gemütlich ausgeschlafen.

Zwischen Latschenstauden
und Kranewittbuschen
Hat mich der grimmige Tod erwuschen.
O müder Erdenpilger,
der Du kraxelst hier,
Ich wollt', er hätte Dich erwuschen
anstatt mir!

Wanderer, bekreuzige Dich
mit frommer Hand
Für das Seelenheil des
NIKLAS TROGER
so im Kaisergebirg verschwand.
Er wird schon liegen irgendwo,
Gloria sit Domino!

†††

Zuerst sein die Seil 'brochen,
Dann dem Rentner Soos
aus Hamburg alle Knochen.
Tot war auch sein Führer
Johann Hutter,
Jedoch der Rentner war
womöglich noch kaputter.

†††

Die Sonne sank,
bevor es Abend wurde.

14

Hier hat der Herr von Wondratschek,
Aus Tschaslau Wohlgeboren,
Der reiste im Tirolerland,
Das Gleichgewicht verloren.
Er stürzt' auf harten Fels – o Graus!
Hinunter tief, den Kopf voraus.
Der Fels bekam ein großes Loch,
Der Wondratschek lebt heute noch.

†††

Unter diesem kalten Leichenstein
Vermodert des
JAKOB ENNEMOSER
sterbliches Gebein.
Doch lieber Wandrer, merke dir:
In Wirklichkeit liegt's nicht allhier;
Wahrscheinlich liegt es
in der Kitzlochklamm,
Wo sie 's bis heut' nit g'funden ham.

†††

In a paar Sekunden
War i schon drunten.
Ob's viere oder fünfe war'n,
Das weiß i nit genau;
I hab' halt beim Hinunterfahr'n
Koa Zeit mehr g'habt,
auf d' Uhr zu schau'n.

†††

Es verunglückten auf
dieses Gletschers kaltem Eis
Anno 1875 zwei Menschen
und a Preiß.
Die Führer Posch und Duftner
hat nebst dem Herrn aus Berlin
A tückische Spalt'n g'schluckt;
man fand weder sie noch ihn.

†††

Die Liebe ist größer als der Tod.

Ein saubrer Bursch war
JOSEF SPÄTH
Hat Madeln viel den Kopf verdreht.
Doch täten sie ihn drunten seh'n
Anjetzt als Boanerhäufel,
Würd' jede dran vorübergeh'n
Und sagte nur: Pfui Teufel!
R.I.P.

†††

Frommer Wandrer,
lass vor Grauen deinen Atem stocken,
In diesem Abgrund liegt der
Tschurtschen Hias,
zerfallen zu lauter Brocken.
O gütiger Weltenrichter,
nimm in Gottes Namen
Doch einen Besen g'schwind
und kehr' ihn z'sammen!

†††

17

Allda, wo dieser Abgrund dräut,
Hat sich zur weiten Ewigkeit
Der tugendsame Larcher Vöst [Silvester]
Von Zell ein Fahrbillet gelöst.
Im Leben fuhr er Bummelzug,
Doch hier war ihm nix nobel g'nug –
Er stieg, um rascher dort zu sein,
Gar plötzlich in den Schnellzug ein.

†††

Eh' ich mich umgesehen,
War es um mich geschehen.
Es ist mir wirklich längst zu dumm,
Dass ich nicht weiß,
wieso, woher, warum? –
Wie sich das alles zugetragen,
Muss ich einmal den Herrgott fragen.
Möglich wär's,
Vielleicht weiß der's!

†††

Hier zerstürzten sich drei Kinder
Und waren hin sogleich.
Herr, erbarme dich der Sünder
In deinem Himmelreich! Amen.

††††

Herrgott, Sakra, Höll' und Himmel!
Hans Mors ist doch ein grober Lümmel!
Eben wollt' die Aussicht ich bewundern
auf diesem Felsengrat –
Da hat er mich schon abi draht!

††††

Josef Sachfalber, 47 Jahr', 4 Monat'
und 3 Wochen, G'nack, Schädel,
Rippen, alle Knochen 'brochen,
Zehn Maß Spezialwein
zahl ich jedem g'schwind,
Der an mir noch einen
ganzen Knochen find't.

Allda überkugelte sich der
Professor Schiedlach aus Wien.
Um zehn Uhr war er noch lebendig
und fünf Minuten später hin.
Zu verunglücken an dieser
harmlosen kleinen Wand,
War wohl nur ein so
konfuser Professor imstand.

†††

An diesem schroffen G'wänd
hat sich des Stamser Jackl
Goaß verstiegen,
Sie stürzte ab und blieb
als tot da drunten liegen.
Sunst passiert nur den Bergfexen
solch ein Malheur –
Ich hätte doch gedacht,
dass eine Goaß viel g'scheiter wär'!

†††

Der Tod macht
nit viel Federlesen.
Abikugelt, hin g'wesen.
Das Leben ist a rechter Mist,
Gelobt sei Jesus Christ!

†††

O du verflixter Alpensport,
Wär' ich geblieben in Dresden dort!
Schon beim ersten Aufikraxeln
Brach ich's G'nack und beide Haxeln,
Dazu den Schädel noch
in lauter Trümmer –
Ich tu's g'wiss nimmer!

†††

Friedrich Wilhelm Hahn,
An falschen Tritt getan,
Abikugelt riesig weit
Bis zu der langen Ewigkeit.

Hier verunglückte,
dieweil sie plötzlich ins Rutschen kam,
Die Jungfrau Veronika Schindler,
wohlehrbar und tugendsam.
Gott gnade ihr und den übrigen Sündern!
Gestiftet von ihren sechs ledigen Kindern.

†††

Hier, wo der Abgrund klafft,
Hat mich Hans Mors hinweggerafft.
Neugierig bin ich, ob nicht bald
Ein andrer da sich auch zerfällt.

†††

O du höllischer Teuxel,
Dös is a G'frett,
Drunten bist g'schwind,
Aber auffer kommst net!
Das musst' ich, Josef Niederkofler, hier
erfahren mit meinen 45 Lebensjahren.

Tobias Bogner, Goaßer,
Abg'stürzt am Wilden Koaser.
Himmel, Herrgott, Sakrament,
War dös a grauslich's End'!

†††

O lieber Posaunen-Engel,
um was ich dich bitt',
Wenn du am jüngsten Tag
mich auferweckst da drunten
zwischen die Stoaner,
Nimm dir an
ordentlichen Rucksack mit,
In ihm zu sammeln meine Boaner!
Hochachtungsvoll ergebenster:
Romedius Hellwart,
So einer fröhlichen Urständ harrt.

†††

Hin is' hin!

Kaum 17 Jahre musste Sie sterben,
O Ihr Berge könnt auch grausam werden,
darum Wanderer halt an den Schritt,
gedenk Ihre Seele, damit sie im jenseits
findet die Ruh,
die in den Bergen suchest du.
Ludmilla Fahringer

Hier ging der Forcher Sepp zu Brocken
Mitsamt Huat, G'wand,
Stiefel und Socken.
Um die Stiefel war's
ganz b'sonders schad',
Weil er sie frisch erst sohlen lassen hat.

✝✝✝

Just an dem Fleckel rutsch' i,
Und gleich drauf war schon futsch i.
Jodok Spronser hieß ich,
dass du's weißt,
Bet' mir einen Vaterunser
und 3 Gegrüßet seist!
Doch hast du Zeit genug,
dann füg' zu meiner ewigen Ruh'
Womöglich noch eine Litanei dazu,
Dieweil ich war ein katzengrober Lackel
Und ins Jenseits kam
mit einem schweren Sündenpackel.
R.I.P.

Just an dem schroffen Eck
Hab' i 'gessen Kas und Speck,
Auf einmal war i weck …
Das Leben is a Dreck.
Hans Stiefler, Müller und Bäck.

†††

Josef Blaas aus Sterzing hat da drunten
Sich seinen sterblichen Leichnam
arg zerschunden.
Der Schädel war in lauter Trümmer,
Das Hirn hat man gefunden nimmer,
So sehr man auch durchsuchte
jede Spalte des Gesteins …
Am Ende hatte er gar keins.

†††

Ausg'rutscht
und
z'sammtutscht!

Ausg'schieben [ausgeglitten],
Drunten blieben.
Sakra, es wär' wirklich schön,
Könnt' i wieder droben steh'n!
Dann ließ i mir mit Abikugeln Zeit,
Gelobt sei die allerheiligste Dreifaltigkeit!

†††

Wandrer, nimm dir als Exempel
Mein Geschick zu Nutz und Frommen!
Heut' noch würd' ich Briefe stempeln,
Wär' ich nicht ins Rutschen kommen.
So ein Weg, ein gottverdammter!
Wilhelm Lechner, Postbeamter.

†††

Drei saßen hier,
vor dem Regen in der Sicherheit.
Einer hebt den andern,
zwei sind in der Ewigkeit.

Von diesem steilen G'wänd
bin ich gestürzt, o Mannder!
Wie Kraut und Ruab'n
liegen meine Boaner untereinander.
Der Herrgott muss fürwahr
ein guter Doktor sein,
Dass er mir renkt am jüngsten Tag
die Knochenscherben alle wieder ein.

†††

Allda unter diesem Leichensteine
Sollten eigentlich modern seine Gebeine,
Nämlich die des ehrsamen
Johann Michel Kurz,
So am schroffen Isinger
tat einen jähen Todesturz.
Dort liegt er irgendwo drunten,
Man hat ihn nimmer g'funden.
Requiescat.

†††

Auf dieser Mur Geröll und Schutt
Kugelte sich der Rentner Wägele kaputt.
Überlegt man sich's auch noch so reiflich,
So ist ein Absturz hier ganz unbegreiflich.
Erscheint vor Deinem Throne,
Allmächt'ger, dies Kamel,
Dann wolle es verschonen
Und Gnade seiner Seel'!

†††

Mit ganz neuen Bergstiefeln
bin ich aufikrallt,
Da packte mich urplötzlich
Hans Mors mit seiner Allgewalt,
Er hat trotz allen Sträubens
mich tückisch abig'schnellt,
Der Schuster aber wartet
für die Stiefel heute noch aufs Geld.
Er heißet Kaspar Gamber und wohnt in
Rinn, ich kann meinen Brüdern in
Christus nur aufs beste empfehlen ihn.

Josef Schwandl
6.7.1936 – 12.10.1986

verungl. am
Admonter Kalbling

Trennung ist unser Los –
Wiedersehn unsere Hoffnung

Deine Familie

Lieber, frommer Wandersmann,
Halte deinen Schritt hier an,
Nicht nur um zu beten
an meinem frühen Grab …
Sondern, wenn du weitergehst,
dann kugelst auch hinab!

†††

In memoriam des Bergführers
Jodokus Martiner,
Der führte an diesem schauerlichen
Abgrund einen Berliner.
Sotaner Preuß tat einen Fehltritt gach
und kugelte hinunter,
Der Jodokus Martiner aber,
der ist heut' noch
frisch und munter.
Dahero steht dies Marterl
allda auch zu lesen,
denn es wär' wirklich
um ihn schad' gewesen.

An dem Eck da drüben
Sein schon elf Leut' derschieben.
Sei so gut und mach' das Dutzend voll,
Hoch Tirol[l]!

†††

Allhiero kugelte der ehrsame
Bauersmann Martin Tschöll
urplötzlich entweder in den
Himmel oder in die Höll'.
Er kann aber auch zu seiner
Sünden Buß' und Pein
für etliche tausend Jahr'
im Fegefeuer sein.
Niemand weiß uns das genau zu sagen,
Da müsste man nur den Herrgott
selber fragen.

†††

Aufigstiegn – obagfalln – hing'wesn.

An diesem steilen Felseng'wänd
Fand ein fremder Tourist sein selig End'.
Mir scheint, das schöne Land Tirol
Gefiel dem Schrofentodel also wohl,
Dass er der Berge Pracht zulieb
Für ewiglich darinnen blieb.

†††

In diesen Abgrund stürzte ich
wohl aus der luftigen Höh';
Da war ich rasch erlöset
von allem Erdenweh.
Mir Josef Gamper gebe
der Herr die ewige Ruh'!
P.S. Wärst halt nit aufig'stiegen,
du dummes Rindvieh du!

†††

Berg auf – Berg ab steigen und fallen
Der Menschen Schicksale.

Die gottverdammte Gletscherspalten,
Sie hat auf einmal mich behalten.
Ich ward geheißen Johann Kobernauser
Und wollt', ich könnt wieder außer!
Doch hat's damit noch lange Zeit,
Gelobt sei die allerheiligste Dreifaltigkeit.

†††

Den Moser Jos, mein lieber Chrischt,
Den hat's da drunten schiach derwischt.
Vom Grint [Kopf] bis zu den Socken
Ist er zerfallen zu lauter Brocken …
Kein Mensch kann's zählen, in wie viel',
Es war die reinste Knochenmühl'.

†††

Allhiero bin i abig'rennt
Beim Alpenrosen suachen …
Himmel! Herrgott! Sakrament!
Da soll der Mensch nit fluachen!

Auf diesem Wege unbequem
Zerfielen sich der Führer
Zunterer und ein Böhm.
Den Böhm kunnt sich
kein Mensch nit merken.
Hoffentlich wissen sie es im Himmel,
Wie geheißen wurde
dieser Sündenlümmel.

✝✝✝

Just an diesem Eck dahint'
Hab' ich mir grad' die Pfeif anzünd't.
Kaum dass sie recht gebrunnen,
Ist mir das Hirn ausg'runnen,
Dieweil ich bin gepurzelt
in die Felsenspalten …
Das hat mein Schädel
nimmer ausderhalten.

✝✝✝

Mitten zwischen Fels und Stein
muss ich liegen ganz allein.
O Wandersmann, fall' auch herab,
dass ich ein wenig Gesellschaft hab'!

†††

Zuerst zerbrach ich Arm und Bein.
Dann alle Rippen hinterdrein.
Darauf fiel mir ein Felsenstück
Just ausgerechnet ins Genick.
An einer Platte kam ich dann vorbei,
Die rieb mir gleich den Kopf zu Brei.
Was noch an Knochen war gesund,
Zerschellte auf dem Schluchtengrund.
So machte ich schön ratenweis,
Gemütlich meine Himmelsreis'.

†††

Zerschellt zu lauter Brocken
Von vorne und von hint',
Vom Scheitel bis zu den Socken,
Von den Haxen bis zum Grint.
Dass ER am jüngsten Tage
noch jedes Boandl find't,
Muss der Herrgott nehmen z'sammen
Seine ganze Allmacht.
Amen.

Erst sang ich, dass es hallte weit:
„Zillertal, du bist mei' Freud!"
Dann tat ich einen Stolperer
Und fiel herab vom Olperer.
Nun sing' ich in der Englein Chor,
Bahnbeamter Felix Mohr.

†††

Ausg'rutscht, abikugelt,
dreimal überschlagen,
Rippen brochen,
Schädel, G'nack und Kragen.
Begräbnis, Pfarrer und Truch'n erspart –
Das war a billige Himmelfahrt.

†††

Der Engel flog gen Himmel,
Die Hülle blieb zurück,
Und nichts ist hier verstorben,
Als zweier Eltern Glück.

Allda hat in die Todesnacht
Der Stiegler Hans sich aufgemacht.
Verwundert fragt sich Jedermann,
Wie überhaupt hier purzeln kann
An dieser Stell' ein Mensch und Christ,
Der nicht schon ganz vernagelt ist.
O Herrgott, lass der Gnade dein
Dies Rindvieh auch empfohlen sein!

†††

Ob liberal, ob klerikal,
Das ist dem Tode ganz egal.
Aus dem freiesten Mann
und dem schwärzesten Pfaffel
Macht er das gleiche Boanerg'raffel.

†††

Wanderer steh still und schnaufe,
Bete ein Vaterunser und ein Auve.

Hier ruht der Josef Federspiel,
Der als Wilderer in den Abgrund fiel.
Durch einen Herzensschuss ward er hin –
Weiß Gott, wo man begraben ihn.

††††

Jodok Spronser, Bauer zu Algund,
In der früh' noch pumperlg'sund,
Nachmittag traf ihn der Schlag.
Darum war sein Sterbetag,
Lieber Wandrer,
wenn's dich wundert,
Der 17. Juli 1900.

††††

Wann du noch jung und schön
Und bist auch stark von Jahren
Der Tod hat List und Tück,
Das hab auch ich erfahren.

Steh still o Wanderer merke auf,
Was du nun bist, das war ich auch,
Was ich jetzt bin, wirst du auch werden,
Der Würmer Speis und Staub der Erden.

††

Hier deckte den Metzger Prantl,
Zu des Todes Mantel.
Für einen Mann von 60 Jahr
Ein starker Fall dies war.

††

Wanderer du darfst Achtung geben:
Ein Schritt ist zwischen Tod und Leben!
Du bist nicht stärker als ich,
Geh' hin, sei fromm und bet für mich.

††

Ledig g'storbn, is a nit verdorb'n!

Christliches Andenken an N. N.,
der ohne menschliche Hilfe
ums Leben gekommen ist.

Da hat er sich wohl arg verhaut,
Der Herr Professor Malten:
Er hat die wilde Kitzlochklamm
Für a Himm'lböttstatt g'halt'n.
Gott lass ihm leucht'n 's ewige Licht,
Damit er besser siecht.

††††

Auf'n Wiesbachhorn
Ist der Schärmer Naz derfrorn;
Hätt er do aufn Sommer gwart –
der Schärmer,
Dort wärs aufn Wiesbachhorn wärmer.

v

R. I. P.
Ausg'schieb'n,
Todt bliebn.

††††

Auf dera Welt da isch es
Mit dein Ummersteign aus,
Aber gift di nur nit gar a so,
Und mach dir nit z'viel draus.

Es gibt ja in der Ewigkeit
A no a Kraxlerei,
Woaßt wohl, der Weg zum Himml ist
Ja wolltan schmal und stei[l].

Aber da gib Acht und nimm Di z'samm,
Du alter Bergsteigg'söll,
Wenn d' dorten a no abikugelst,
Fallst direkt in die Höll'.

†††

Hansl hoi! Steh nur gschwind auf,
Jetzt wolln mir'n Aufstieg wag'n! –
Muass epper no a bissl rast'n,
I fühl mi ganz derschlag'n!

45

Vorsicht!
Die Gschicht ist oanfach:
Zerst an Rutsch
Und nachher war er Pfutsch.
R.I.P.

†††

Von an Studentl 's letzte Zeugnis
Ist auf dem Marterl g'maln:
Im Griechisch ist er sitz'n blieb'n,
Im Kraxeln gründlich g'falln.
R.I.P.

†††

Unterm Huat z'viel um a Radl –
Unter die Strümpf z'wenig Wadl –
Gefalln auf viel Stoaner –
Wenig ganze Boaner.

†††

46

Der junge Graf von Finsterfiecht,
Hat's a nit gmoant,
dass ihm was gschiecht.
Auf d'Füaß' do hat er nit vergöss'n,
Die Wadl sein guat polstert g'wösn,
Do war ihm g'schöchn gar nit viel,
Aber wie oan oft schon's Unglück will,
Es hatn halt beim Kopf derwischt,
Weil dös sei schwächster
Teil gwöst ischt.

†††

Johannes Lämmerschütz
abgestürzt.
Er hat sich mit sein Kraxeln
Brochn beide Haxeln,
Die Pratzeln a dazua,
Mit dem wars no nit gnua:
's Gnack hats ihm a verrenkt,
Dös hatn am meistn kränkt.
R.I.P.

R.I.P.
Unweit von hier
ist ein Komiss beim Edelweißklauben
abg'falln.
Siegst es iatz ein,
Werst es iatz glauben
Dass 's Edlweißbrock'n g'fährlicher ist
Als wia's Zibeben ausklaub'n.

†††

O wie lustig!
O wie lustig
Ist's gwösn auf'n Spitz,
O wie schuftig!
O wie schuftig
Bin i g'fallen,
Bachner Fritz.

†††

Hier fiel N.N. vom Felsen in die Ewigkeit!

I bitt Enk Turistn,
Verzeichts mir die Schand,
Dö i Enk gmacht han
Bei der Roatwand.
I han mi halt nimmer
Derhöbt mit die Händ',
Drum bin i auskuglt
Über die Wänd.
Glaubts mir, 's ist gleich' geschöch'n,
Ös werds es schon selber söchn.

†††

Max Kalbfleisch,
Börsianer aus der Wienerstadt
sich hier verpurzelt hat.
Wenn d'Aktien a g'falln sein,
Sie steig'n oft wieder in d' Heah,
Aber a g'fallner Börsianer
Der steigt Dir nimmermeah.

†††

Er zerfiel in dieser Kluft sich,
Alt war er 2 und Fufzich.

†††

Hier verfiel sich Kaspar Zierer
Auf steilem Wege ohne Führer:
Es beten ja nicht umsonst zu Gott
Die Bergführer ums tägliche Brot.

†††

An dieser Stöll
sein an einem schönen Sommertag
3 Mander verkugelt.
Ös Turistn seids wohl meiner Seal
Unsichre Barometer,
Denn wenns nach Enkern Fallen gang,
Wär's ganze Jahr
Schlechtwetter.

†††

Lang gnua ist er ummer gstieg'n,
's Schicksal hat'n wüatig tückt –
Jetz' liegt er da so still und z'fried'n
– Ist ihm do' amal a Absturz glückt.

†††

Der Satan sagt zum Gottessohn
ganz frisch und munter:
„Geh sei so gut und stürz di da hinunter!"
„Ja, Schneggn!" meint der Herrgott,
„mit solche Gspaß wirst mi nit fangen!"
Iatz hats der Tuifl mitn
Knöpfler Franz probiert,
Und der Gimpl ist ihm aufn Leim gangen.

†††

In 3 Sekundn war er untn
Man hat'n gar nöt g'fundn.

†††

Auf dem Pass Jaufen
Vergaß er aufs Schaufen,
Dann schlug sich der Tod dazu,
Herr gib ihm die ewige Ruh.

†††

Er liegt.
Wenn er nit liegn tat,
Steiget er halt –
Wenn er no steign tat
Lieget er bald.

†††

Kaiser Max, du armer Häuter!
Kamst mit Dein'
Kraxeln nimmer weiter.
Der junge Josef Wolf dagegn
War um den Ausweg nit verleg'n!

†††

53

Da liegt a junger Schrofndottl,
Er hat a Bergtour gmacht im Mai;
Gar langsam ist er aufikommen,
Aber untn g'wösn glei.

†††

Gfalln ist er – weiter nix,
Der dicke Herr von Silberau,
Und vorm Jüngstn Tag
Dersteht er nimmer au[f].

†††

Gstieg'n sein wir bis zum Spitz
I und der Schneider Fritz.
Die Aussicht ist prächtig gwösn,
Z'erst habn mer Kas und Butter gössn,
Glei drauf an Purzigagl gmacht,
Da habn uns alle Knochn kracht,
Der Herr geb uns die ewige Ruah,
Vom Bergsteign habn mir gnua.

Da verunglückte sich
ein junger Doktor der Medizin
aus Berlin und war im Augnblick hin.

†††

Mein Gott, mein Gott,
schon wieder oaner,
Und die Knochn numeriert sich koaner;
Dö Touristen werdn nit übel fluach'n
Und umanander suachn
Um ihre Boaner,
Dös werd amal a nette G'schicht,
Wenns auffstehn heißt
Am jüngst'n G'richt.

†††

's Kraxeln ist mein Lebn,
Hat er gsagt, der Herr von Roth!
Wär's Kraxeln nit sei Lebn gwesn,
Nacher wär er no nit tot.

Vom Monte Cristall
Wetscher Michel gefall.
Mausgagltot –
Vater unser tut
Not.

†††

Er war a seelenguater Christ,
Aber a spottschlechter Tourist:
Als guater Christ
hat er wohl 's ewige Leb'n,
Als schlechter Tourist
hat er müassn 's irdische gwb'n.

†††

Albert Schaf abgefallen.
Christus hat zum Peter g'sagt:
Weid meine Schafe, halt die Wacht!
– Warum gibt der Peter denn nit
Auf jedes Schaf gut Acht?

Ohne Aussicht
Ohne Luft
Liegt Johann Schranz
In dieser Kluft.

†††

Auf'n Weg zur Schutzhütt'n
Bin i ausglitt'n,
Und da ist mir dös Malheur passiert,
I tat schön bitt'n,
Dass der Weg zur Schutzhütt'n
A bissl gmüatlicher wird.

†††

Hier bekam
Simon Kurz
einen tötlichen Absturz.
Betet für ihn!

†††

Er hat gsagt, er braucht sonst nix
Zum Bergsteign, als an Stock mit an Spitz
Und lederne Höseln und nackete Knia,
Jetzt braucht er gar nur mehr a Ave Maria.

†††

Füaß und Arm –
Dass Gott erbarm,
Alls derbroch'n,
Koan ganz'n Knochn
Im ganzn Leib –
Von obn bis untn
Aufgschundn,
Von untn bis obn
Den Kopf klob'n,
Und Hirn koans mehr drein,
Mög Gott der Seele gnädig sein.
Dieser Unfall ist dem
Josef Platzer
bei einer Vergnügungstour
auf die Frau Hitt zugestossen.

Aufergstiegn
Speck gessn
Oberg'falln
Hing'wesn.

††

Anselm Schröck
geb. von St. Gallen
kam hier ins Fallen
und kugelte in kurzer Zeit
weit, weit bis in die Ewigkeit.

††

Bin kraxelt und gstieg'n,
Und jetzt muass i liegn,
O Jörum, dö Stoan
Ruiniern oan 's Geboan,
Dö gehn oan aufs Lebn –
Tuat mir Weichbrunnen gebn.

In die Hax'n
Koane Flaxn,
Auf die Schuach
Koan Nogl –
Drum der Purzigogl.

†††

Da liegt Doktors Seppele.
Er ist geborn wordn und hat bald danach
a Bergtour g'macht.
Bet ein Ave.

†††

Jetzt lieg i halt in Gottes Nam'
Tiaf unt'n in der Zirler Klamm.
Und wart geduldig und gefasst,
Bis die Posaunen blast;
Bis dort tuan meine Knochn hoal'n
Und die Engl werdn mi aufi soaln.
R.I.P.

Isaak Pfau, Börsenagent
fand wegen Schwindel auf
der Frau Hitt ein schnelles End.

Es gibt no' a Gerechtigkeit,
Respekt vor der Frau Hitt!
Dös is a schöner Zug von ihr:
Sie leid't koan Schwindl nit.

†††

Da ist der Mesner von St. Peter
nach sechs Stunden beschwerlichen
Marschs endlich abgestürzt:
Warum ist er denn so weit gangen?
Hätt er nit zuhaus können
übers Kirchndach abirutschn?

†††

Der Mensch ist nur der Welt geliehen,
Oft muss er fort im besten Blühen.

Hier ist 1895 ein Pastor
aus Deutschland abgestürzt.
Hai Mandl! Hast koa Bibl glesn?
's hoaßt überall:
Wer steht, der schaug',
dass er nit fall.
R.I.P.

†††

Jesus Christus selber sagts:
„Der Gerechte fallt 7 mal des Tags!"
Der Pointner Franz war mehr als g'recht –
Er fiel nur einmal, aber schlecht.

†††

Er lebte fromm und schlicht
Und bekam hier 's Übergwicht.
R.I.P.

†††

Immer war er frisch und xund,
Der Schneider Ignaz Rosenmund,
Doch hier bei dieser Talschlucht
Packte ihn die Fallsucht,
Da war die Xundheit hin
Heilige 3faltigkeit bitt für ihn.

†††

Bei dieser Unheilstell der Pasterzn
sein 1 Mensch und 2 Stuck
Wiener Doktorn vor Kälte derfrorn.
Es war so Gottes Willen,
Sie mussten sich verkühlen,
O Jöges! die Pasterzn
Ist nix für Wiener Herzn,
Die Gegend wütig ungesund,
Das Klima unter'm Hund.

†††

Hier liegt Josef Schmalles – das ist Alles.

Name: Johann Winternitz.
Stand: 200 Schritt unterm Reichenspitz.
Geboren: Sell wohl!
Gestorben: Ohne Buß und Beicht.
Vermutliche Todesursache:
Ein 200 Meter tiefer Absturz vielleicht.

†††

Was hat die [sic!] Ampezzaner Maxl
Vom Krixl, Krafl, Krifl?
Kopf voll Loch, Gnack gebroch
Und zerrissne Stiefl.

†††

Hier hats einen übertriebenen Bergsteiger
ordentlich derwischt.
Iatz ist er beim Herrgott und bettelt recht,
Ob er'n jüngstn Tag nit decht
Aufn Ortlerspitz abhaltn tat
Statt im Tal Josaphat.

66

Hier ruhen
zwei Freunde,
gemeinsam abgestürzt v. hl. Puchstein, 23. X. 1921.

Karl Schwarz   Karl Wintner
Oberstens Sohn,   Postbeamter,
geb. 1. II. 1903.   geb. 24. XII. 1902.
Beide aus Linz.

Der Bergstock war 3 Ellen lang,
Die Hosen fünf, sechs Zoll,
Der Absturz hundert Meter tief, –
Tut freilich niemand wohl.

I moan, dem wär' viel leichter gschehn,
Und 's hätt'n nit so verdross'n,
Wenn er sechs Zoll weit g'falln wär,
In 100 Meter lange Hos'n.

†††

R.I.P.
Hansl, siegst –
Iatz' liegst.

†††

Da nutzt die beste Predigt nix,
Die Leut sein ja wia b'sess'n,
Und die Berg sperrn ihre Schnabl auf,
Dö kriagn nie gnuag zum Fressn.

Marterlsprüch'
für allerlei
unnatürliche
Todesfälle

Hier hat die göttliche Vorsehung
den 70jährigen Joh. Filzmoser
durch einen jähen Tod
von dieser Welt abberufen.
Vollbracht ist das Leiden,
das Tod, das Gericht,
nun ruhet er seelig
bei Jesu im Licht.

†††

Anno 1615.
Also hat der leydig Fall
Zugetragen hir zu Mahll
Das Claus Lauer erstochen hatt
Hans Feygenbutz, dem Gott genannt,
Geschehen An S. Georgi Tag.

†††

Junges Blut auch du kannst sterben,
Denke an die Ewigkeit.

Hab' ausg'holt, bin ausg'rutscht,
Hat mich das Fuder zertutscht.

Er kehrte nicht zur Heimat wieder,
Das Floss am Ziel, – im Jenseits er,
Wie dies gegangen, liebe Brüder,
Diesseits erfährt es niemand mehr.

†††

O Wand'rer steh' still,
Hier an der Ill
Und betracht' des Todes End' und Ziel:
Geboren in Sonthofen,
Der lieben Eltern süßes Hoffen,
Ist hier in der Ill ersoffen.

†††

Hier ruht der ehrsame
Johann Missegger,
auf der Hirschjagd durch einen
unvorsichtigen Schuss erschossen
aus aufrichtiger Freundschaft
von seinem Schwager.

Hier kam beim Holzen
unter die Prügel,
Er war ein guter Holzknecht,
der Johann Riegl!

†††

Hier siehst du wieder, lieber Christ,
Wie für den Tod kein' Bürgschaft ist.
Schießen war meine größte Freud',
Absonders in der Winterszeit;
Gesund und fröhlich ging ich aus,
Kam nicht mehr heim ins Vaterhaus.
Empfehl' mich der Barmherzigkeit
Und sei selbst auf den Tod bereit.

†††

Er lebte fromm, ehrbar und schlicht,
Doch hoffte er den Tod noch nicht;
Bedenk' das wohl mein lieber Christ!
Weißt nie, wie nah' das Sterben ist.

Durch einen Ochsenstoß
Kam ich in den Himmelsschoß;
Musst' ich auch gleich erblassen
Und Weib und Kind verlassen.
So ging ich doch ein zur ewigen Ruh',
Durch dich, du Rindvieh du!

†††

Auch ich ging von zu Hause fort,
Kam schnell an mein' Bestimmungsort;
O Christ, bedenke jederzeit:
Kurz ist der Weg zur Ewigkeit.

†††

Rasch fällt der Tod den Menschen an,
Und keiner ist ihm frei gegeben,
Er reißt ihn mitten von der Bahn
Und nimmt ihn fort aus diesem Leben.
Bereitet oder nicht, zu geh'n,
Er muss vor seinem Richter steh'n.

Hier fiel Jakob Hosenknopf
vom Hausdach in die Ewigkeit.

†††

Hier verunglückte beim Holzfällen
der ehrengeachtete
Jüngling Fridolin.
Es fiel von der Buch
ein dürrer Ast auf ihn.
In der Nacht starb er.
Stehst du hier an dieser Unglücksstätt,
Denke meiner im Gebet;
Dann gehe ruhig des Weges zu
Und wünsche mir die ewige Ruh.

†††

Auf dem Weg zu einem Kranken
Ging ich in Eil',
Aber Gott setzt hier die Schranken
Mir mit seinem Todespfeil.

Von meinen jungen Jahren
Bis zu meinem Sterbetag
Bin ich auf dem Fluss gefahren,
Bis jetzt wird der Inn mein Grab.

††

Hier sollt so früh ich finden
Ein Grab im tiefen Inn,
Nicht lässt sich ja ergründen,
Des Höchsten Rat und Sinn.
Hätt' mich ein länger Leben
Getrennt vielleicht von Gott
Sollt Ihr Euch gern ergeben
In meinen frühen Tod.
Zwar hatte ich beim Scheiden
Dich Mutter nicht bei mir,
Das war mein größtes Leiden,
Doch ich rief sterbend noch nach dir!
Doch finden wir uns wieder
Dereinst im ewigen Licht,
Drum Mutter, Schwester, Brüder,
Lebt wohl – vergesst mich nicht.

Ach früh entschwandest du,
o schöne Rose!
Des Wassers Fluten schlugen dich hinab,
Hinweg vom elterlichen Hause
Ins fürchterliche Wellengrab.

†††

Wanderer, vernimmt die Kunde,
Dass hier ging ein Mensch zu Grunde;
Danke Gott als guter Christ.
Dass du's nicht selber g'wesen bist.

†††

Hier starb Martin Rausch.
Die Lawine traf ihn halt
Auf den Leib und macht' ihn kalt;
Auch der Jörg der war darunter
Aber heut' noch ist gesund er.

†††

Auch ich ging fort und zwar zur Stadt,
Ein Blutschlag mich getroffen hat,
Man führt mich tot nach Hause ein,
Dies könnt' der Fall bei dir auch sein.

✝✝✝

Hier liegt der Bote Michel;
Er fiel mit seiner Kraxen
Und brach sich beide Haxen;
Die wurden amputiert,
Das hat ihn sehr geniert,
Dann kam der Brand hinzu,
Gott schenk' ihm die ew'ge Ruh'.

✝✝✝

Weil mein Leben nun ist aus,
Und ich nicht mehr kann nach Haus,
Nicht mehr darf in Urlaub gehen,
Kann ich meine Eltern und Freunde
und Geschwister nimmer sehen.

Hier in diesem Fluss, der Schmutter,
Fand er sein frühes Grab,
Es weint der Vater, schreit die Mutter,
Der Basen druckt's das Herz fast ab.
Warum hast' doch den Steg verfehlt
Und nicht den Fuß aufs Brett gestellt.
Jetzt ist ein Brett dein hartes Bett,
Dein früher Tod bringt uns in Not.

†††

Hier erschlug der Blitz
einen Hirten und eine Kuh,
O Herr, gib ihm die ewige Ruh'.

†††

Ich wuchs ganz allgemein heran,
In meiner Sündenblüte;
Da kam ein Stier an mir vorbei
Und stieß mich in die Mitte;
Zur Himmelsfreud', zur ewigen Ruh'
Kam ich durch dich, du Rindvieh du!

Wir wuchsen ganz allgemein heran
Zu unsrer Eltern Freude,
Da kam der Tod, der Knochenmann
Zu unserem größten Leide.

† † †

Schnell hat mich der Tod befallen
In meiner Jahre Jugendzier,
Scheiden muss ich nun von Allen,
Die mich geliebt im Leben hier.
O bet' für mich an diesem Ort,
Dann setze deine Reise fort.

† † †

Hier verunglückte der
ehrengeachtete Jüngling
Tobias Mayer, 71 Jahre alt,
durch einen Pixenschuss.

† † †

Freudig gingen wir nach drüben,
Um Beeren zu suchen für unsere Lieben,
Aber ohne es zu vermuten
Stürzte ich in die Fluten,
Und mit meinem Leben war es aus,
Ich brachte keine Beeren nach Haus.
Aber im Jenseits drüben
Werd' ich stets mich bemühen,
Und zu eurer größten Freud',
Halte ich die Beeren bereit.

†††

Am 24. März 1814 sind von einer
Schneelahn erschlagen worden zehn Leut'
– und 5 Böhmen.

†††

Zum Schluss von Gott einen Gruß,
Sein Heimatort verlassen muss,
Er kam nach München zum Militär,
In Ewigkeit kommt er nicht mehr.

Wanderer, steh' still hier an diesem Ort,
Bet' ein Vaterunser mir,
dann setz' die Reise fort;
Du weißt es nicht, wann es mit dir ist aus,
Vielleicht kommst du heute noch
zu mir ins Totenhaus.
D'rum achte deiner Gesundheit nicht
und deiner Blütejahren,
Der Tod hat List und Macht,
dies hab auch ich erfahren.

††††

Scherzweis hüpfte dieser Greis
Allhier auf dem Eis,
Als der See einbrach, da war
Es mit seinem Leben gar.

††††

Hier ruht N. N.
Vater und Metzger von sechs Kindern.

Liebe Befreundete steht still
Und betet für mich;
In dem Wasser nahm ich meinen Tod,
Wo du ihn findest weiß nur Gott. 1851.

††††

Ein Baum hat mir den Tod gebracht,
Wo ich es nicht vermutet hab';
Darum sei stets darauf bedacht:
O Christ! auch du stehst vor dem Grab.

††††

Frisch und gesund ging ich
von meiner Heimat aus,
Haldtot bracht' man mich
nach vier Stunden nach Haus,
Nach sechs schmerzlichen Tagen
hatte ich ausgelitten
Und hab' mir die schöne Krone
des Himmels erstritten.

Hier siehst du deutlich, edler Christ!
Dass auf der Welt kein Bleiben ist;
Der Tod kommt schnell und sagt:
Marschier',
Du hast nichts mehr zu schaffen hier!
Darum sei immer vorbereit'
Zur Reise in die Ewigkeit.

†††

Mein Christ! schau' dieses Denkmal an,
Wie man unvermutet heute sterben kann;
D'rum wachet und betet,
benützet die Zeit,
Und machet euch täglich
zum Sterben bereit.

†††

Auffi g'stieg'n,
Kerschen brockt,
Obi g'fall'n, hin g'wesen.

86

Nicht sehr ernst zu nehmende Grab- und Marterlsprüch'

Hier ruht der Peter Hosp
wohl unter seinem Totenmal.
Er war das dümmste Rindvieh
im ganzen Eisacktal.
Herr, gib ihm die ewige Ruh'
Und ein bissel mehr Verstand dazu!

†††

Ein unvernünftiger Almenstier
Hat angebandelt jäh mit mir.
Eh' ich ihn zur Vernunft gebracht,
Stieß er mich in des Todes Nacht.
Der tscheket Jodl war der Stier geheißen,
Ich aber hieß Hans Bornemann
und war aus Preußen.

†††

Hier lieget Simon Maas,
Im Leben ein faules Aas,
Das gleiche er im Tode ist,
Gelobt sei Jesus Christ!

Zur Erinnerung
an Herrn

Max Madl,

cand. jur. u. Leutnant i. d. R.
im 1. Tir. KJR.

gest. 3. Sept. 1919 im 21. Lebensj.

Nicht fiel er im Kampfe wundenrot
Auf der Walstatt blutigen Sieges
Er siechte langsam entgegen dem Tod
Ein armes Opfer des Krieges;
Und deshalb war ein Held auch Er
Weil er freudig sein Alles, sein Leben
In Not und Jammer heiß und schwer
Für seine Heimat gegeben.

Die Jungfer Notburg Kuprian
Fand ihrer Lebtag keinen Mann,
Drob ward sie 70 Jahre alt,
Nun beißen dran die Würmer halt.
Hätt' die eine Freud', tät' sie es wissen,
Dass endlich doch wer angebissen.

†††

In diesem engen Bretterhäusl,
Da lieg' ich nun, der Simon Kreisl.
Vor keiner Erdenmacht
brauch' ich mehr zu erschrecken,
Die ganze Welt soll mich
am Buckel lecken.
Ruhm und Ehr' sei allezeit
Der allerheiligsten Dreifaltigkeit.
Amen.

†††

Hier hab' ich mich erfallen.

In memoriam des
Dachdeckers Peter Rauter aus Gries,
Der alles voll von Schulden hinterließ.
O ewiger Weltenrichter,
da Du ja allmächtig bist,
So tilge nicht nur seine Sündenschuld
diesem katholischen Christ,
Auf dass er drüben
einst mag selig werden …
Sondern zahl' auch
seine Schulden hier auf Erden!
Gewidmet von den Gläubigern. R.I.P.

††

Zehn Jahre lag ich immer krank
Im Bett und auf der Ofenbank.
Hab' manchen Doktor aufgesucht
Und seine Medizin verschluckt.
Es hat mir nix geholfen,
was sie mir gaben ein,
Weil's alle Esel sein!

Im hohen Alter endlich
ist in die Grub' gehatscht,
Die Jungfer Tina Spöttl,
die immer hat getratscht.
O christlicher Wanderer,
schleunig dich aus dem Staube mach',
Sonst steht sie auf und redet dir
am End' auch etwas nach!

†††

O frommer Wandersmann, tu nit klagen,
Wenn du siehest diesen Stein bemoost;
Auch dir geht es einmal an den Kragen …
Dieses ist mein bester Trost.

†††

Christliches Andenken an Josef Stumpp,
Er war ein rechter Haderlump.
Doch soll man nach ihren Erdentagen
Über die Toten nur Gutes sagen.

Hier oben sprang aus Liebesweh
Katharina Parseller in den Zireiner See.
Der soll doch, wenn sie tut
vors Himmeltor hatschen,
Der heilige Petrus versetzen
ein paar tüchtige Watschen!
Wegen so was braucht man nicht
ins Jenseits gleich zu wandern,
Man findet ja auf Erden hier
mit Leichtigkeit wen andern.

†††

Justament an dieser
und an keiner andern Stell'
Hat Jungfer Ursula Metzgerin
gestiftet eine Kapell'.
Sie war ein rechter Geizkragen
und raffte zusammen eitel Gold,
Hoffentlich hat sie
trotz der Kapell'n
der ††† Teufel geholt.

Ein ganz zaundürres
Schneiderlein ging ruhn
Allda wohl unter den grünen Rasen.
Wenn sie am jüngsten Tag
tun Posaunen blasen,
Dann werden sie ihn hoffentlich
wohl nit verblasen!

†††

Nunmehr hält seine ewige Rast
Der hier begrabene Außerferner Wast.
Er war der größte Raufbold,
Stänkerer und Lümmel,
Kein Mensch konnt' ihn
im ganzen Dorfe leiden;
O du lieber, grundgütiger Herrgott
im Himmel,
Du bist wahrhaftig um ihn
auch nit zu beneiden.

†††

Im Jahre 1633
erschoffen sich hier 2 Brüder
wegen ihrem väterlichen Anwesen

Alles nimmt ein Ende gar,
Dereinstens ich lebendig war,
Jetzo aber bin ich hin,
Oberstrasser Fridolin.

✝✝✝

Der Mauracher Hias,
a Mensch so stark wia a Stier,
Der liegt jetzt auch begraben hier.
Sie haben ihn noch
in seinen jüngeren Tagen
Zur Feier der heiligen Kirchweih
ganz derschlagen.
Zwölf Stunden hat an ihm
der Bader g'flickt,
Hat Fleisch und Boaner
ihm zusammen g'stückt;
Bua, der hat dabei ganz anders g'schwitzt,
Dem Hias hat's aber doch nix g'nützt.

✝✝✝

Der Jakob Knoll aus Sterzing
stürzte von diesem Felsenkar,
Worauf ihm zehn Minuten
gar nicht besonders extra war.
Jedoch nachdem verstrichen
gewesen diese Frist,
Da ward ihm wieder katzerlwohl,
weil er g'storben ist.

†††

Die ganze Zeit nix als g'soffen,
Endlich vom Schlag getroffen.
Johann Christian Reiter,
Wenn er noch leben tät',
er saufet weiter.

†††

Wohl unter diesem Steine
Da modern meine Gebeine;
Ich wollt', es wären deine!

Der Klumser Stöffl liegt da drunten,
Das Pulver hat er nit erfunden.
Sonst aber war er ein guter Häuter,
Lieber Gott, mach Du ihn g'scheiter.

†††

Mir hat keine Medizin mehr g'nutzt,
Der Tod hat mich hinweg geputzt.
Grad' schad' das Geld für 'n Doktor ist,
Gelobt sei Jesus Christ!

†††

Hier ruht der Schlosser Christoph Bug,
Daheim er Weib und Kinder schlug,
Im Wirtshaus aber soff er brav,
Bis ihn ein schweres Schlagerl traf.
Drauf gab er seine Seele auf,
Das ist sein ganzer Lebenslauf.

†††

O Wanderer, betrachte dir
von vorne und von hinten
Dies Martertaferl,
und du wirst schon überall was finden.
Vorderseite:
O frommer Christ, tue mein gedenken
Und mir ein paar Vaterunser schenken!
Rückseite:
Setz' deinen Hut auf, nimm den Stecken,
Nun kannst du mich am Buckel lecken!
Amen.

†††

An was er ist gestorben,
Das hat kein Doktor g'wusst,
Ob er den Magen sich verdorben,
Ob es ihm fehlte auf der Brust.
Gewiss ist nur das eine:
Der Ennemoser Fridolin
Am 5. Juni vormittags um 3/4 auf Neune
Anno 1876 war er eben hin.

Lorenz Holzer,
Brauknecht beim Garberbräu,
Ehrlich, fleißig, bieder und treu,
Im übrigen ein rechter B'suff –
Es ging halt nicht anders
bei diesem Beruf.

†††

Wandrer, mach' das Türl auf,
Hier endete seinen Lebenslauf
Der Tuifelemaler Kassian Kluibenschädel;
Gönn' ihm ein paar Spritzer
mit dem Weihbrunnwedel,
Dazu ein Stoßgebetlein fest,
Dass ihn der Tuifel aus seinen Krallen lässt.
Damit ein andrer ihm
seine Grabschrift verhunzet nicht,
Hat er sie in löblicher Fürsicht
gleich anselbst gedicht't.
Nun geh' dahin, o Wandersmann,
Und lehne ja das Türl wieder an!

Wanzen, Flöh' und Läuse
Knicken wir oft dutzendweise
Und sind selbst nur
Läuse, Flöh' und Wanzen
Auf der Erde rundem Riesenranzen …
Kaum dass uns der Tod erblickt,
Hat er uns auch schon geknickt.

†††

Zur christlichen Erinnerung an den
Rauter Sepp,
Weiland durch 67 Jahr' allhier
Pfründner und Gemeindetepp,
Tu' ihm, o HERR, was Menschen
nie bei ihm erreichten,
Mit Deinem ewigen Licht
gehörig den Verstand durchleuchten!

†††

Ausg'spiebm – liegen bliebn!

Lieber Wanderer,
halte deinen Schritt ein bissl an,
Hier drunten ruht Martin Pfurtscheller,
wohlehrsamer Bauersmann.
Er bestellte seine Felder fleißig
stets und unverdrossen,
Bis dass ein wilder Almstier
ihn hat gach [jäh] zu Tod gestoßen.
Lass deiner Fürbitt' seine arme Seele
sein empfohlen,
Der Teufel soll dies gottverdammte
Hornvieh holen!

†††

Gnade ihm der barmherzige Gott,
Dem Tschurtschenhofer Melchior Schrott.
Er hinterließ bei seinem seligen End'
Ein schuldenfreies Gütel
am Latscheng'wänd,
2 Schwein' im Stall, 6 Goaß, 4 Rinder,
1 trauernde Witwe und 10 ledige Kinder.

103

Dies Kreuzlein gilt dem Volksschullehrer
Josef Gschirr,
Er war im Leben schon so klapperdürr,
Dass er sich in seiner letzten Ruhestatt
Unmöglich viel verändert hat.

†††

Des Todes Schicksal ist beschieden
hier auf Erden leider allen,
Drum hat allhiero sich des
Prünsterbauern beste Milchkuh derfallen.
Ferner musst du,
o frommer Wanderer,
noch den Umstand wissen,
Dass sie bei ihrem seligen End'
auch hat den Kühbuab'n Loisl
mit sich in den Abgrund g'rissen.
Mög' es dem Loisl der gütige Gott
verzeihen in seiner Gnad',
Dass er auf das teure Viech,
nit besser Obacht gegeben hat!

104

O Wandersmann, wenn du nit bist
ein schlimmer Heid',
Dann nimm dir hier zu einem
kurzen Vaterunser Zeit!
Uns armen Seelen hilft's
in unserm argen G'frett,
Und du hast so was
bald und leicht gebet't.

†††

Der Tod ist bitter,
das Leben mitunter auch nit süaß,
Das musste ich Mathias Larcher erfahren,
vulgo Holzhacker Hias.
Im Leben nix wie trockenen
Wirrler [Speise aus Maismehl] im Magen,
Im Tod von einem
malefizischen Baum erschlagen.
Will hoffen, dass es in der Ewigkeit
Weniger zu arbeiten und
besser zu essen geit [gibt].

Da liegt der Sagschneider Sepp,
ehrengeachtet und wohlgelitten,
Er hat auf Erden viel tausend
Laden und Bretter g'schnitten,
Davon er schließlich sechse
nur gebraucht zu seiner Truh',
Herr, gib ihm die ewige Ruh'!

†††

Hier ruht der wohlehrsame Bauersmann
Niederkofler Florian.
Eigentlich war er nur ein Knecht,
Das hätt' sich aber gereimet schlecht.

†††

In diesem kühlen Grabe ruht
Der alte Krapfenbauer ohne Hut.
Er war ein rechter Grobian,
Hat nie den Hut herab getan.
Wenn er so, wie er wollte, kunnt',
Läg' er mit ihm im Grabe drunt'.

In dieser schwarzen Totentruch
Ruht anjetzt der Lahner Much.
Er besaß vier Goaß,
zwei Kühe und drei Kälber,
Das größte aber war er selber.

†††

Dem Rupfen Ferdl haben's
den Schädel eing'haut,
Sakrament, der hat dreing'schaut!
Wann denn? – i bitt' enk,
fragt's nit lang so dumm –
Am Kirchtag natürlich,
um halbe drei in der Fruah herum.

†††

Allhiero ruhet Peter Fuchs,
Der dümmste Mensch von Hintertux.
Jetzt sucht er halt im Jenseits g'schwind,
Ob er nit noch an Dümmern find't.

O lieber Wandersmann,
das tut mich damisch giften,
Der Tod hat mich erwischt
mitten unter dem Holztriften.
Auf einmal war ich arg zermagget
[zerdrückt] zwischen die Scheiter
Und fand also mein selig End' …
Himmel! Herrgott! Sakrament!
Bruder in Christo,
sei so gut und fluche weiter!

†††

Ganz gleich
wie eine Kerze
das irdisch Leben ischt,
Der Tod macht einen Blaser,
und siehe, es erlischt!
So hat er auch geblasen
mich ohn' Erbarmen aus,
Nun lieg' ich unter'm Rasen.
Kristaller Nikolaus.

Der Wurzen Sepp aus Kramsach
trank manchen Enzian,
O hätt' er dies gescheiter
nicht allzu oft getan.
Den Schnaps verträgt nicht jeder
in diesem Jammertal,
Gar manchem ward er leider
zu seinem Totenmahl.
So stecket auch der Sepp
nach einem Leben, einem kurzen,
Nunmehr in der Erden tief
gleich einer Enzianwurzen.

†††

Allhier zerfiel sich der Staudacher Jos,
Man fand nix mehr als seine Lederhos',
In der er ist gesteckt in seinen Erdentagen.
Was sonsten an ihm sterblich ist gewesen,
Das haben Füchs' und Geier aufgefressen.

†††

Hinter dieses Friedhofs Gitter drein
Lieg' ich Tobias Glomser,
ein schlichtes Bäuerlein.
Greif', frommer Wanderer,
nach dem Weihbrunnwedel,
Dieweilen ist dies irdisch Leben
wie ein Speckknödel.
Kaum hast du ein paar Bissen
gebracht auf deine Zungen,
Ist auch der ganze Knödel
schon auf einmal gar verschlungen.
Hans Mors der Menschen Leben
wie einen Knödel frisst,
Gelobt sei hoch im Himmel
der Herr Jesus Christ!

†††

Hinter diesem stillen Friedhofsmäuerl
Ruh' ich Thomas Hosp, ein armes Bäuerl.
Als morsches Boanerg'raffel bin ich heut'
Grad' so viel wie all die toten Herrenleut'.

111

Erinnerts enk no
an Wastl Donauer, Lippensohn von hia
brach sich mit 37 Jahr
Gnack, Rippen und Knia.
Zum Hoazziagn braucht ma Pratzen,
zum Bremsen kannt die Tatzen,
in der Hüttn waren's vergessen,
sonst hätt's net dasteßen.
Am Bam dro lag die Prügelfuha,
für'n Wastl begann die ewige Ruha.
Bet's eam ein Ave Maria dazua!

†††

Frommer Wanderer,
geh' an meinem Hügel nicht vorbei,
Sondern bete für mein Seelenheil
andächtig ein Ave Marei.
Tust du aber trotz dieser
dringenden Mahnung vorüber hatschen,
Dann stünde ich am liebsten auf
und gäbe dir eine sakrische Watschen!

Erinnerts enk no
an Wastl Donauer Lippensohn von hia
brach sich mit 37 Jahr Gnack, Rippen und knia.
Zum hoazziang braucht ma Pratzen,
zum Bremsen keant die Tatzen,
in der Hüttn waren's vergessen,
sonst hätt's net gfteßen.
Am Bam dro lag die Prügelfuha
für'n Wastl begann die ewige Ruha,
bet's a an Ave Maria dazua! Pasiert am 22.2.1864

113

Allhiero zerdruckte zu einem Baz [Brei]
Ein Felsenblock den Klobensteiner Naz.
Er war der gröbste Lackel im ganzen Tal,
Da dachte sich der Herrgott
im goldnen Himmelssaal:
Es wird gerechtes Schicksal
ihm anhiedurch zuteil:
Auf einen groben Klotz
gehört ein grober Keil.

†††

Nikolaus Vorderegger,
Bürgermeister allhier durch 20 Jahr',
Obwohl er kein besonderes Geisteslicht war;
Jedoch ist uns in den Jahren allen
Kein gescheiterer zum Bürgermeister
eingefallen.
Zur christlichen Erinnerung
sowie in Ansehung
Dieses Umstandes gewidmet von der
Gemeindevorstehung.

Zum frommen Gedenken an den
Wohlgebornen Herrn Melchior Peer,
Weiland Gemeinderat und
Tiroler Landtagsabgeordneter;
Er war der Kirche stets
ein treu ergebnes Schaf
in seinen obbesagten beiden Würden
Und hatte nie eine andere Meinung
als seine hochwürdigen geistlichen Hirten.

†††

Nach oben war er devot,
Nach unten ein Despot.
Nun modert in seiner Ahnen Gruft
Auch dieser exzellente Schuft.

†††

Johann Girth, Schwarzer Bärenwirt.
Z'viel Bier, Wein, Schnaps und Rum –
Delirium.

Hier ruht Metzgermeister Josef Krug,
Der im Leben zahlreiche
feiste Ochsen schlug,
Bis dass er zuletzt anselbst
vom Schlag getroffen ward –
Man sieht, dies Schicksal bleibt selbst
Menschen nicht erspart.

†††

In einer Lage, gänzlich wider
seinen sonstigen Brauch,
Könnt ihr Herrn Wilhelm Streber
hier erblicken,
Im Leben lag er stets nur auf dem Bauch,
Als Leiche liegt er endlich
auf dem Rücken.

†††

Als ich die Äpfel vom Baum geholt habe,
brachte die Leiter mich zu Grabe.

Lorenz Schürhackel,
dereinst ein wilder Demokrat,
Bis dass er einen Orden bekommen hat.
Der stopfte Knopfloch ihm
und Mund sodann,
Er starb als angesehener
Regierungsmann.

†††

Hier ruht der Gastwirt Gschwentner,
Er wog beinah zwei Zentner.
Herr, lasse ihn erschauen
Dein ewig Gnadenlicht,
Wenn unter ihm nicht früher
Die Himmelsleiter bricht.

†††

Hier ruht der Hochwürdige Peter Six,
Dereinst war er Pfarrer, nunmehr ist er nix
Als wie a Boanerg'raffel …
So geht's halt auch an Pfaffel. R.I.P.

Allda modert Chrysostomus Haas,
Gewesener Kirchenprobst
und jetzo Würmerfraß.
O Menschenkind, tu niemals nicht
In des Hochmuts Klauen sinken,
Der Tod blast aus dein Lebenslicht,
Auch du wirst einstens stinken.
Gloria in excelsis.

†††

Unter diesem grünen Rasen
der Hirschenbrauer liegt,
Er hat von seinem eignen Bier
auf einmal Bauchweh kriegt;
Leider schlug sich dann der Tod dazu,
Herr, gib ihm die ewige Ruh'!

†††

Sei bereit jederzeit.
Heute mir, morgen Dir.

Den Pfarrer Wopfner hat der Schlag
Im 60. Lebensjahr getroffen,
Gebetet hat er fleißig stets bei Tag,
Und Abends hat er g'soffen.

†††

Frommer Wanderer, du musst wissen,
Hier hat ein Wirt und Metzger
in das Gras gebissen!
Kaspar Rauch ward er geheißen,
Im Leben tat er lieber
in was anderes beißen.

†††

Doktor Medicinä Friedrich Kraus,
Ins Jenseits schickte viele er voraus,
Eh' er sich selber ließ begraben –
Er wollte drüben gleich
Gesellschaft haben.

Allda fand der Traubenwirt
seines 67jährigen Lebens Ziel,
Er mogelte so lang bei jedem Kartenspiel,
Bis dass der grauenhafte
Mann aus Knochen
Mit seinem Trumpf ihn jählings
hat gestochen.

†††

Hier ruhet Jungfer Anastasia Rübesam,
So ihrer Lebtag keinen Mann bekam.
Darob hat sie sich gar zu Tod' gegift't,
Jedoch zuvor der Kirche noch
einen neuen Altar gestift't.
Leider hat bei dieser Stiftung
sie nicht bedacht,
Dass man bei ihrem Altar
mitunter auch Hochzeit macht.
Wird dort ein Paar getraut,
so dreht sie d'rum
Sich jedes Mal erbost im Grab herum.

Gedenkt mit Wehmutszähren
stets aufs Neu'
Des hier begrabnen wackern Vorderbräu!
Er trank als Erdenpilger,
solang er konnte schnaufen –
Im Jenseits drüben kriegt er
leider nichts zu saufen.

†††

Lieber Wanderer, tu ein kleines Rastl
Und bet' für den hier begrabenen
Bezirksrichter Leonhard Astl.
Er steckte einst ins Loch
so manchen Vagabunden,
Bis für ihn selbst man hat
dies Loch gefunden.

†††

Hier liegen wir alle gleich:
Ritter, edel, arm und reich.

Hier schlummert der Sonntagsjäger
Xaver Bruckmüller seinen ewigen Schlaf,
Der nie ein Wild von vorn,
doch stets die Treiber von hinten traf.
O lieber Gott, gib ja kein Gewehr
in die Hand diesem Jägersmann,
Sonst schießt er Dir mit Hasenschrot
noch alle Engel an.

†††

Hier ruht Gabriel Six,
Getroffen hat er nix,
Mit 57 Jahren war er hin,
Ist wahrhaft kein Schad' um ihn.
Gottlob, dass er endlich abgekratzt,
Er hat ja doch nur
jedes Schützenfest verpatzt.

†††

Mit Schi im Schuss – dann war Schluss!

Da unten liegt der Oberförster Ploderer
in seinem Totenschrein,
Er war in der ganzen Gegend gefürchtet
wegen seinem Jagdlatein;
Spring' schnell davon, o Wandersmann,
Sonst steht er auf und lügt Dich an!

†††

Just an diesem und an
keinem andern Platzl
Verunglückte der Jäger Valentin Glatzl.
Man suchte ihn mit großer Müh' und Plag'
Vergebens zwischen all den Felsenspitzeln;
Habt nur Geduld bis an den jüngsten Tag –
Da werden's ihn schon außer kitzeln!

†††

Hinter diesem Grabesgitter
Ruht die Jungfrau Katharina Ritter.
Hoffentlich war sie auch wahrhaft eine,
Kinder hatte sie nämlich keine.

Herr gib ihnen
die ew'ge Ruh
und das ew'ge
Licht
leichte ihnen!

Unter diesem Rasenfleck
kannst du in seiner Truchen
Den alten Zieler Wastl,
recte Sebastian Tanner suchen.
Er soff bei jedem Schießen
so viel, wie er nur kunnt,
Sonst aber war er verlässlich,
brav und gesund!

†††

Unter diesem Kreuz ruhet wohl geborgen
Herr Forstmeister Florian Ohnesorgen.
Er war als Jägerlateiner niemals faul
Und traf wenig mit der Büchse,
doch mehr mit dem Maul.
Dafür haben in löblicher Bereitwilligkeit
Die Wilderer sein Revier
von Hasen und Rehen befreit.
Allen Lesern zu Frommen und Nutz
Gestiftet vom
Wildschützenverband „Jagertrutz".

Lieber Wanderer, bet' ein bissl
Für die allda ruhende Schützenliesl.
Solang sie noch hatt' ihre Augen offen,
Ist manch wackerer Schütz
in ihre Kammer g'schloffen.
Dass öfters einer
ein Andenken hinterließ,
war nicht zu verhindern.
Gewidmet von ihren
elf ledigen Kindern.

†††

Allhier unter diesem Marmorstein
Modert Franz Seraph Meier
vom Kölner Sittlichkeitsverein.
Im Leben hat mit Schauder überall
er nacktes Fleisch gerochen,
Nun fühlt er endlich wohl sich
unter lauter Knochen.

†††

Auch diese fromme Seele
verschlang der Erde Schlund.
Der hier Begrabene genoss die
irdischen Freuden, solang er kunnt.
Doch als er nimmer kunnt
vor Alter und Beschwerden,
Begann urplötzlich er
aus ganzem Herzen fromm zu werden.
Mit löblichem Eifer verfolgte und hasst' er
Die früheren Gefährten
seiner eigenen Laster.
Er floh das Weib und diente
allen zur Erbauung und Belehrung;
O lieber Wanderer, nimm ein Beispiel dir
an dieses Mannes Bekehrung!

†††

Johann Nepomuk Ruscht,
Allzeit hab' ich gekuscht,
Bis endlich den Kommandostab
Dem Tod trat meine Alte ab.

Hier ruht ein Jüngling,
der niemals ward verführt,
Er hat in seinem Leben
kein einzig Mädchen angerührt.
Dafür bekam er im Himmel
zwar zwei goldene Engelsflügel,
Jedoch zuvor für seine Dummheit,
auch die wohlverdiente Prügel.

†††

Hier ruht ein Lizentiat,
entflohen allem Erdenweh,
Er war so keusch und rein
wie eine Lilie.
Seh' er in seines Sarges finstrer Enge
Sich das Gewürm geschlechtlich
sonder Scham vermengen,
Er wäre tief entrüstet
über diesen Sittenskandal
Und paukte sich seinen eigenen
Leichenwürmern noch Moral!

Allda in der kühlen Erde Ruhestatt drin
Liegt Josef Wimmer ohne seine Gattin.
Sotane Wohltat, die ihm nie beschieden
war in seiner irdischen Pilgerzeit,
Bedeutet für ihn allein schon
die halbe himmlische Seligkeit.

†††

Und der Tod mit seinem Knüppel
Erschlug auch diesen Ehekrüppel –
Damit erhielt er glücklicherweise
seinen letzten Schlag,
Auf den 16. Juli 1883 fiel der Sterbetag.

†††

Hier vermodern die sterblichen Leiber
Des Simon Gasser und seiner
zwei Eheweiber.
Dass er in 'n Himmel kam, ist sonnenklar
Weil er schon zweimal im Fegefeuer war.

Im Vaterland, Sterben gern
und Leben jeder Stunde,
dir zu geben achten nicht
Sind wir Todeswunde
alleſamt Wenn das
bereit, – Vaterland
gebeut

Der Schuster Sepp von Lauterbach
Ist hier ersoffen in der Ach.
Er trank zuviel von Branntewein.
Drum fiel er in die Ach hinein,
Gott schenke ihm die ew'ge Ruh
Und noch ein Viertel Schnaps dazu.

†††

Der Weg nach Golgatha,
so muss ich klagen,
Konnt nicht so schrecklich
als mein Leben sein:
Ich musst nicht nur
mein Hauskreuz tragen.
Nein, putzen, füttern obendrein!

†††

Mein guter Mann verschied in Frieden,
Sanft möge seine Asche ruh'n;
Mit Leder handelt er hienieden,
Wie er, werd' ich es künftig tun!

Es lud der Knochenhauer
Zu einem grausen Tanz
An dieser Felsenmauer
Den Oberhammer Franz.
Man hat ihn eingegraben
An einem stillen Ort,
Er wollte es so haben …
Es leb' der Wintersport!

†††

Den Franzl, den a jeder kennt,
Hat hier ein Ochs vom Radl g'rennt.
O Radler, der du fahrst zum Haferl,
Sitz' ab bei diesem Martertaferl
Und merk, bergab man immer schiebt,
Dieweil es hier viel Rindvieh gibt.

†††

Der Tod folgte nicht seinem Beispiele;
er machte einen kurzen Prozess.

Hier ruht der Gastwirt Morgenrot,
An dessen Tisch man schlecht gegessen.
Jetzt ist er selber table d'hôte,
An der die Würmer besser essen.

†††

Was hat der Herr mit Ignaz getan,
Zuletzt schaut er noch den Bruder an,
Er sagt, spring hin auf den Hut geschwind,
Sanft nimmt ihn hinweg der Wind.
Und als er so auf den Hut hinsprang,
Kein Eisen ist in dem Wasengang.
Er fiel hinunter auf einen Stein.
Der Kopf war entzwei,
kein Hirn mehr drein.

†††

Er wurde außer seinen zahlreichen
Hunden von einer Witwe und
5 unmündigen Kindern betrauert.

134

Hin is' hin!

Er war auch ein frommer Christ,
Der plötzlich hier verschieden ist.
Er Anton Jager von Marling war,
Im sechs und fünfzigsten Jahr.
Er ging zum Kaiserfest froh und munter
Und stürzte abends 6 Uhr hier hinunter.
Wanderer, der du dahier vorübergehst
Und bei diesem Marterl stehst,
Bet' auch ein Vaterunser,
Denn, denk es kann so gehen dir,
so wie mir, dahier. 1899.

†††

Ein 7jähriger Bub ist hier von einem
Felsblock gestürzt und tot geblieben:
Zur Reise in die Ewigkeit
Brauchte er nur kurze Zeit:
Um 10 Uhr morgens ging er fort
Um 11 Uhr mittags war er dort.

†††

Als wir beide, Knechte beim Jakob
Lageder, Unterschurtscher hier, in diesem
Ort einen Birnbaum verarbeiten wollten,
so wurden wir beide verunglückt und mir,
Josef Verginger, machte Gott in Zeit von
3 Stunden am 17. Juni 1876
im 62. Lebensjahre ein Ende.

Darunter stehen folgende Verse:
Richtig kamen wir in diesen Wald
hier an diesem Orte,
Stand ich, ach, nur gar so bald
vor der Ewigkeitspforte.
62 Jahre zählt' ich noch kaum
stürzte mich in die Todesbahre
dahier ein Birnbaum.
Leser, der Du gehst vorbei,
Mit Gebet eingedenk sei
Und gedenke oft und wohl
was jeder Mensch bedenken soll.
Wie ungewiss die Todeszeit,
Drum halte Dich allzeit bereit.

Wandrer, steh' still hier an diesem Ort,
Bet' ein Vaterunser,
dann setz' die Reise fort,
Du weißt es nicht wann es mit dir ist aus.
Vielleicht kommst du heut noch
zu mir ins Totenhaus.
Drum achte deiner Gesundheit nicht
und deinen Blütejahren,
Der Tod schont auch die Jugend nicht,
ach dies hab' ich erfahren.

††

In diesem kühlen Grab
Da liegt der Bildhauer Anton Kob,
Im Leben hat er viel geschwitzt,
hat manches schöne Bild geschnitzt,
Mitunter hatt' er auch Verdruss
Und war ein armer Lazarus;
Lieber Leser, bet' ihm ein Paternoster,
Das ist für seine kranke Seel'
das beste Pflaster!

Man bittet um ein Ave Maria für den aus Fiecht im Achensee verunglückten ... schenke der armen Seele im Fegefeuer die ewige Ruhe.

Da oben hinein ober das Miglanzer Feld
waren die Miglanzer Knechte 1853 den
15. Oktober Holz abzuhacken, der Mit-
terknecht Anton Pramstrahler war um
10 Uhr etwas entfernt von die andern
und wurde zum Mittag gerufen, gab aber
nicht Antwort und wurde Tod gefunden.
Die Meinung ist seitwers getroffen
worden zu sein vom Baumstamm.
Gott deine Güte reicht so weit
so weit die Wolken gehen.
Geh vorbei wer immer woll
einen Vater unser beten soll.

†††

Hier liegt mein Weib,
Gott sei's gedankt,
Bis in das Grab hat sie gezankt;
Lauf, lieber Leser, schnell von hier,
sonst steht sie auf
und rauft mit dir.

Leicht unweit von hier im Walde
Kam ich Junggesell Johann Schenk
Ksaier in Tanürz unter einen großen
Lärchbaum und machte
meinem zeitlichen Leben
den 16. März 1887
im 39. Lebensjahre
augenblicklich ein Ende.

Richtig kam ich in diesen Wald
Hier an diesen Orte
Stand ich ach nur gar zu bald
Vor der Ewigkeitspforte
Nein und dreißig Jahre
Zählte ich noch kaum
Stürzte mich auf die Totenbahre
Ein großer Lärchenbaum.

✝✝✝

Hab ausg'holt, bin ausg'rutscht,
hat mich das Fuder zertuscht.

Josef Götsch, geb. zu Partschins 1742,
gest. 1804, war zuerst Besitzer der Blattmühle
und wurde später Totengräber.
Ein bäuerlicher Dichter
widmete ihm diese Grabschrift:
Weg von der Mühle an der Platt'
Trat ich in Dienst der Leichen;
Ich fütterte den Tod nun satt
In Hoffnung durchzuschleichen;
Er aber sprach: Nein! was nur lebt,
Muss meine Beute sein;
wer andern eine Grube gräbt,
Fällt endlich selbst hinein.

✝✝✝

Hier ruhet selig, sanft und frei
Vom Schuldienst und der Meßnerei
Anton Fürrutter
wohl bekannt,
Gnüßt nun den Lohn
im Himmelsland.

142

Hier
ruhet selig,
sanft und frei
vom Schuldienst
und der Meßnerei
Anton Fürrutter
wohl bekannt,
Grüßt nun den Lohn
im Himmelsland.

SAUTENS

Liebe Kinder, denket meiner,
Geht zu mir in Freithof einer
Tut zu meinem Grabe treten
Und mir ein Vater unser beten.

†††

Zum Andenken
an die ehr- und tugendsame
Jungfrau Katharina ...,
welche hier an gemeiner Arbeit
ertrunken ist.

†††

Dass ich gestorben bin,
Das weißt Du,
Ob ich im Himmel bin,
Das fragst Du,
Nicht sterben,
aber im Himmel sein,
Das willst Du.

Weil du bist anhero kommen
Du mein allerliebster Freund,
Erlös uns aus den heißen Flammen,
vielleicht wir deine Eltern seind.

✝✝✝

Gott ist wahrhaftig und gerecht,
hier liegt der Herr und auch sein Knecht,
Nun ihr Weltweise tret't herbei,
Sagt wer Knecht oder Herr da sei.

✝✝✝

Im Nebel verirrt,
Der Berggeist ihn verwirrt.
Weil im Gebirge führerlos
Fiel heute schon das Todeslos,
Der Führer will leben,
Soll Verdienst man ihm geben.
Wanderer merke das Sprüchlein fein:
In's Hochgebirge nie allein!

Ein Jüngling in der schönsten Blüte
Josef Malser, wie bekannt,
Fiel in des großen Innes Mitte
Und riss ihn mit ins Unterland.
Der Innstrom riss ihn ohn' Erbarmen
Mit einem Ruder in der Hand,
Er streckte kämpfend seine Armen
Vergebens in der Wellen Strand.
Ihn wollten retten viele Leute
Und sprangen lange nach dem Stram
Bis endlich diese Todes-Beute
Entseelt, entstellt in Schwaz ankam.

†††

Christliches Andenken
an den ehrengeachteten
Jüngling Heinrich Hauser,
welcher im 11. Jahre seines Lebens am
12. Mai 1875 in diesem Landgraben
verunglückte und dessen Leiche
weder lebendig noch tot
aufgefunden werden konnte.

Drei saßen hier,
vor dem Regen in der Sicherheit
Einer hebt den andern,
zwei sind in der Ewigkeit.
[Vom Blitz erschlagen.]

†††

Andenken an den
Junggesell Johann Schranz von Wenns,
welchen am 3./XII. [18]57
der Tod am Holzgries ihn getroffen hat,
seines Alters 54 Jahr.

*

Jähling [rasch] ist der Streich geschehn,
Welcher Leib und Seele trennt,
Doch es war vorhergesehn,
Denn ein guter Christ erkennt,
Das ein Mensch von Sterben frei
Und ein Kind nicht sicher sei.
Denke täglich an's Gericht
Jähling sterben schadet nicht.

Kristl. Andenken an den
ehrsamen Alois Riml,
welcher im Jahre 1866 den 20./1.
von einem Stein getroffen und mit alle
Sterbsacramenden gestorben und geboren
wurde anno 1796 den 9 Überöl [April]
zu Oberlechen.
O Krist steh still und betrachte mein
Leben und gedenket meiner.

†††

Hier
unter diesem
Kreuzesstein
Ging dieser Mann
zur Prüfung ein.
Er wartet auf die ewige Ruh'
Er drückt erst ein,
dann beide Augen zu.

†††

Hier
unter diesem
Kreuzesstein
Ging dieser Mann
zur Prüfung ein.
Er wartet auf die ewige Ruh'
Er drückt' erst ein, dann
beide Augen zu.

Gesund und fröhlich ging ich hinaus
Sie brachten mich aber Tod nach Haus
O Mensch gedenk an das letzte End
Ich bin gestorben ohne hl. Sakrament
am 23. Juni 1891.

†††

Wie wahr, o wie wahr!
AIs ich in meinem 66. Lebensjahr
den 17. August 1863
für meine Geißen Gras und Heu
machen wollte, stürzte ich
über diese hohe Felsenwand.
Meine Sackuhr ging noch eine Zeit lang,
doch meine Lebensuhr blieb plötzlich
stehen, mein Fleisch
und meine Gebeine verdorrten,
sind bereits verfault, da du dieses lesest.
Wanderer! bete für mich.
Eugen Haslwanter
von Ochsengarten.

Longinus mit der Lanzen
sticht Christi in den Ranzen,
Dass er laut aufschreit:
Gelobt und gebenedeit
Ist die Hl. 3faltigkeit.

†††

Wir leiden große Peinen
O hörtet ihr das Weinen
Ihr wurdet weich,
Drum betet für uns Arme,
Dass Gott sich bald erbarme
Gott lohn' es Euch.

†††

Wer im Gedächtnis
seiner Lieben lebt,
der ist nicht tot,
der ist nur fern:
Tot ist nur, wer vergessen ist.

Hier ist N. Niedermeier
von einer wilden Kuh ermordet worden,
just als er zur Messe ging.

†††

Hier ist ein Handelsmann
Hans Zukristian
verschwunden.
Man hat ihn trotz Müh und Fleiß,
Trotz Arbeit und Schweiß
Nicht mehr g'funden.

†††

Unter dem Bild eines
verunglückten Fuhrmanns:
Der Weg in die Ewigkeit
Ist doch gar nicht weit.
Um 7 Uhr fuhr er fort,
Um 8 Uhr war er dort.

O Wanderer, o denk daran!
Hier hat den guten braven Mann
Ein Stein gebracht in Todesnacht,
Wer hatte wohl daran gedacht.

†††

Ach, ach, ach,
Hier liegt der Herr von Zach,
Er war geboren am Bodensee,
Und ist gestorben an Bauchweh.

†††

Von sieben Stichen totgebohrt
starb Peter Hofer hier am Ort.
Der gerechte Gott im Himmel
Wird strafen einst
auch diesen Lümmel.

†††

Verweile guter Wanderer und weine.
Mein sanftes, treues Weib
liegt unter diesem Steine.

†††

Der Tod ist ein schlauer Dieb,
Das haben erfahren wir,
Wir waren frisch und gesund
Und tot in einer Stund.

†††

Hier steht ein Zelt,
hängt Helm und Schild,
Die weil mein Pilgerfahrt erfüllt
Noch ein Wallfahrt hab ich bevor:
Durch Josephatstal zum Himmelstor.
Nicht's wird im Himmel g'lassen ein,
Es sei denn g'wichtig und halt fein.

†††

Hier hat Josef Rosner glücklicher
Weise durch einen Fall ins Wasser sein
Grab gefunden im 29. Lebensjahre.
Betet einen Vaterunser und setzt dazu:
Herr gib ihm die ewige Ruh'.

†††

Nicht Holz und Stein beten wir an,
Sondern den, der gelitten hat dran.

†††

Im Jahre 1828 war uns zwei Schwestern
von einem bedrängten Zustande
geholfen worden.

†††

Andenken für Alois Stigger von Haiming,
welcher am 13. Dez. 1851
bei der Holzarbeit durch einen Stock
um sein Leben gekommen ist.

Geh' nicht vorbei mein Christ
Schau, was hier gemalen ist,
Vor Kurzem waren auch wir auf Erden,
So kann's mit dir auch bald werden,
Bete ein Vaterunser mir, ich ersetz es dir.

†††

Leser!
Steh still und bete Gottes Vorsehung an!
In dieser Schneelawin endete
Joseph Angerer von Igls, der wackere
Forschjager [Förster?] beim H[errn].
Lochan [?] durch einen gewaltsamen Sturz
sein 33jähriges Leben den 11. Mai 1833.
Vater unser, Ave Maria.

†††

Hier in diesem Grabe
ist keine lebendige Seele begraben,
außer die zu meiner Familie gehört.

Oft schneller endet sich das Leben,
Als Gsundheit uns versprechen mag,
Davon kann ich dir Zeugnis geben
Getötet durch der Schneelawine Schlag.
O Mensch bedenke immerzu
Dein Leben geht dem Grabe zu
Und mit dem Leben gehst auch du
Deinem Gott und Richter zu.
Drum denke oft an Grab und Tod
Und flieh die Sünd und fürchte Gott.
Drum denke oft an Tod und Grab,
Befleiß dich fromm zu leben
Dann holen dich einst Engel ab
Zu einem besseren Leben.
Seine Seele ruhe † in Frieden.

†††

Habt Erbarmen, habt Erbarmen,
seht mein Elend, meine Not,
Gebt mitleidig doch mir Armen
Einen Kreuzer oder Brot.

Andenken an den verunglückten
Johann Härting,
welcher hier den 11. Juni 1862
durch einen Schlagfluss
augenblicklichen Todes starb,
Alter 44 Jahr.
Mensch!
Gott fraget nicht nach Tagen,
hier verweilst du nur als Gast;
Nach Verdiensten wird er fragen,
welche du gesammelt hast.

†††

Christian Brändle
Ist da auf dieser Stelle
Am 24. Mai 1864 in die Ewigkeit.
So wollen wir eines bedenken,
Ihm ein Vaterunser schenken,
Und wann er kommt aus der Pein,
So ist das Vaterunser wieder dein.
Herr! gib ihm die ewige Ruh.

159

Hier von dieser steilen Wand
stürzte ab ein Musikant
oben blies er die Trompeten
unten ging er leider flöten.

†††

Hier ruht in Gott
Der verstorbne Passeirerbot',
Sei ihm gnädig, o Herr!
So wie er's auch wär,
Wenn er wäre Gott
Und du der Passeirerbot'.

†††

Hier ruht leider mein Gemahl.
Er war Schneider unten im Tal.
An seiner Stelle
setzte ich dort
mit dem Gesellen
die Arbeit fort.

Hier ruht
leider mein Gemahl.
Er war Schneider
unten im Tal.
An seiner Stelle
setze ich dort
mit dem Geselle
die Arbeit fort.

In diesem Grab liegt Unutz Peter,
Die Frau begrub man hier erst später,
Man hat sie neben ihm begraben,
wird er die ewige Ruh' nun haben?

†††

Hier liege ich, den einst Bauchmuch
Genennt hat der gemeine Spruch;
Im Leben gab der Rebensaft
Mir immer viel' Freud und Kraft.
Nun Christen! Spritzt halt Weihbrunn zu,
Für meiner armen Seele Ruh!
Doch ach! verzeih' es lieber Gott!
Was ich bekennen muss noch tot:
Viel besser ist ein Tropfen Wein,
Als Weihbrunn, soll's ein Fuder sein.

†††

Was du jetzt bist, bin ich gewesen,
Was ich jetzt bin, das wirst du sein.

Hier in diesem Rosengarten,
muss ich auf Vater und Mutter warten.
Bin noch jung und klein
und muss gestorben sein.

†††

Im Kampfe wild, doch menschlich,
Im Frieden still und den Gesetzen treu,
War er als Krieger, Untertan und Mensch
Der Ehre und der Liebe wert.

†††

Nun ruhen wir im stillen Frieden,
Vom Schlachtgewühl des Todes Schlaf,
Nun ein Plätzchen war uns beschieden,
Das Gottes Vorsicht für uns traf.
Ühr [Ihr] alle wollt uns nicht vergessen,
So oft ihr hier vorüber geht,
Denn Gott wird alles reichlich messen,
Gedenket unser im Gebet.

Vieles hast Du enträtselt mathematisch
mit Ziffer und Buchstab,
Aber die Stunde des Todes
ist unbekannter als X.

Des Rechnens müd' lieg ich im Grabe
Und muss nun in die Brüche geh'n;
Wenn ich mich nicht verrechnet habe,
So werd' ich wieder aufersteh'n.
[Grab eines Lehrers]

†††

Ausgelitten, ausgerungen,
Viel gereist und viel gesungen.

†††

Jetzt hab ich überwunden,
Jetzt bin ich sorgenfrei,
Jetzt sind die Tränenstunden,
Gott sei gedankt, vorbei.

Kehre ein, geh' nicht vorüber,
schau dich um und halte Rast
wird dein Sinn auch trüb und trüber,
Einmal wirst auch du mein Gast.

†††

Im Leben rot wie Zinnober
Im Tod wie Kreide so bleich,
Gestorben am 17. Oktober
Am 19. war die Leich.

†††

Geliebter Mann, du siehst
Die Zeit zum Scheiden ist vorhanden,
Drum lebe wohl, ich bin befreit
von meinen schweren Banden.
Sei Vater für ein Weislein,
Pflanz ihm Tugenden ein,
Ich werde auch nicht minder
Mutter in dem Himmel sein.

Hier liegt Georg Hiefel.
Er machte neue Stiefel,
flickte auch die alten
Und ließ unser[n] Herrgott walten.

†††

Das längste Ziel von Lebenstagen
Ist siebenzig bis achtzig Jahr,
Ein Inbegriff von tausend Plagen,
Auch wenn es noch so glücklich war.
Geflügelt eilt mit uns die Zeit
Zu einer langen Ewigkeit.

†††

Hier ruht mein einziges Kind,
die Zilli –
War immer brav und willi –
Der Tod nahm's fort mit 16 Jahr!
Just als sie zu gebrauchen war!
[Gemeint ist natürlich zur Arbeit…]

Hier liegt Georg Stiefel.
Er machte neue Stiefel,
flickte auch die alten
Und ließ unser Herrgott
walten.

Der Kleider hat er viel gemacht,
Doch kein unsterbliches vollbracht;
Dazu gehört ein größ'rer Meister,
Der kleiden kann nur pure Geister
Mit ewig schönem Festgewand
Im ander'n besser'n Vaterland.

†††

Hier liegen unsre Alten,
Herr, tue sie wohl in Obhut behalten
Denn würden sie heute kommen heraus,
so müssten wir von Hof und Haus.

†††

Unter diesem Stein
Liegt Hanne, das Weib mein.
Sie ging ohne Zweifel
In die Hölle zum Teufel;
Sollte sie aber im Himmel sein,
Möchte ich lieber nicht hinein.

Hier ruht der P'seierer Jakele,
Er trank gar oft ein Fraggele,
Gott gebe ihm die ew'ge Ruh'
Und ein Glas'l Schnaps dazu.

†††

Du Dreien Kränzlein
Durch Drey Kreutz
Sein Khomen ein
Drey Junckfrawlein
Ach letzer fromb
Durch Kreutz auch khomb
Zur Freid allhier
Dein warten wir.

†††

Wand'rer, steh' still und schau'!
Der Du bist, war ich auch;
Der ich bin, das wirst Du werden,
Speis' der Würmer und Staub auf Erden.

169

Das ist eine harte Reis',
wenn man den rechten Weg nicht weiß;
Frag' die drei heil'gen Leut'
Die zeigen den Weg in d' Ewigkeit.
Es sei jedem Menschen Kunde
G'rad um die Mitternachtsstunde,
war der Todesengel schrecklich keck:
Er nahm den Kleinen den Vater weg,
Und riss auch ohne all' Erbarmen
Das Kind der Mutter aus den Armen.
Amen.

†††

Da es mir wohl erging auf Erden,
Wollten Alle meine Freunde werden.
Da ich kam in Not,
Waren alle Freunde tot
Trau' nicht der Welt,
Trau' nicht dem Geld.
Trau' nicht dem Tod
Trau allein auf den Gott.

Lebet wohl, ich bin befreit,
von allen schweren Banden,
Ich such den Weg zur Ewigkeit
Ihr liebe Nachbarn und Bekannten.

†††

Hier liegt selig in den Herrn verschlafen,
Hans Knopf zwischen seinen beiden
Knopflöchern *[= Frauen]*.

†††

Hier liegt Franz X. Amman der der
italienischen, französischen und engli-
schen Sprache vollständig mächtig war.

†††

Wanderer du darfst Achtung geben:
Ein Schritt ist zwischen Tod und Leben!
Du bist nicht stärker als ich,
Geh' hin, sei fromm und bet für mich.

171

Zur steten Erinnerung und Erweckung
gleicher Gefühle errichtet die
tieftrauernde Gattin und Kinder den
werten Vater dieses Denkmal, welcher
mit Namen Matheus Wegscheider am
25. Oktober 1863 in einem Alter von 46
Jahren Holztriften unversehens im kalten
Bette des Wassers seinen Geist aufgab.

†††

Bruckle gonga,
Bruckle brocha,
Obigfolla
Und versoffa.

†††

Hier ruht Johannes Hesserer
Ein schlechter Tenorist
Und lacht weil er ein besserer
Dort in dem Himmel ist.

Hier modern die Überreste des
unglücklichen Schlachtopfers der J. B.
jener schaudervollen Tat, welche am
30. Oktober 1879 durch unbekannte
ruchlose Menschenhand auf schauder-
hafteste Weise ihres Lebens beraubt
ohne Zeit auf Reue und Buße vor Gottes
Gericht gestellt wurde zur allgemeinen
Betrübnis aller christlichen Herzen.

†††

Dies sind die zwei verunglückten Brieder
Andere und Georg Pfister zu Föchler in
Maathseiten, welche der Tod durch ein
Wild in eine Schnee-Lahne hineingelocket
hat und so von der Welt hinweg gerafft
1851.

†††

Hin ist hin! Anna Maria Fiedlerin.

Christliches Andenken
des zehnjährigen Schulknaben,
Heinrich Erler,
dazumal auf der Naeßlau,
welchen der Tod mit seinem scharfen
Pfeile senkrecht gegenüber mit Ziegen
suchen unglücklicher Weise
überrascht hat.
Es geschah am 5. September 1865.

†††

Hier liegt begraben
Christoph Katzenberger,
Im Leben gewester
Hof- und Akademischer Buchdrucker,
welchen der Tod
Anno 1653 den 3. Juni
umb 4 Uhr in der Fruehe
ein unverhofftes Dekret gebracht,
ohne Preß, Schrift, Farb,
Papier abzutrucken.

175

Bei Margaretha Fischerin
Liegt auch Johann Fischer drin,
Die Ehe wurde durch das Leben Endt,
Die Liebe aber ungetrennt.
Dann beide hier die Ruh genießen,
Bis sie bei Gericht erscheinen müssen.
Zum Zeichen ihrer Treu
Grad Nachmittag um drei
Gestorben alle zwei
Gott ihnen gnädig sei.
Welcher zwölf drei viertel Jahr
Bei der Herrschaft
Landskron Pfleger war.

†††

Vergnügt und ohne Sorgen,
Ging er am frühen Morgen,
Auf seine Arbeit aus.
Da traf ihn eine Eiche,
Und ach, als tote Leiche,
Kam abends er betrübt nach Haus.

In einem Dorf bei Zilli wurde der Ortsgeistliche öfter um Verse für Grabschriften angegangen. Als das wieder einmal zu nachtschlafener Zeit geschah und der Pfarrer kurz erwiderte: „Ich hab' jetzt koi Zeit, machen's Ihna selbst oin," setzte sich der so Beschiedene stracks hin, diesem Wink zu folgen. Er brachte denn auch folgende Verse zustande, die dann auf dem Grabstein prunkten:

Hier in diesem Gräbelein
Ruht mein liebstes Knäbelein,
Hab's selbst gemacht und selbst erdacht,
Dem Herrn Pfarrer zum Trutz
um Mitternacht.

†††

Dieses Kreuz ist aufgericht'
Zu Ehren des Herrn Jesu Christ,
Der gekreuzigt ist
Von den Bauern in dieser Gemeinde.

Ihr Freund, wenn ihr's gut meint,
Ach eilt und helft mir Armen,
Eine lange Zeit ich hier schon leid'
Ach tut euch doch erbarmen.
In strenger Hitz
In Feuer sitz
Und wart auf euch mit Schmerzen
Um ein Vater Unser und Ave Maria.

†††

Hier liegt ein Invalide tot,
Er starb an schlechtem Commisbrot
Willst wissen, wo er gewesen?
Beim Fuhrwesen.

†††

Hier ist ertrunken Anna Lentner,
Sie wog mehr als dritthalb Zentner,
Gott geb' ihr in der Ewigkeit,
Nach ihrem Gewicht die Seligkeit.

Hier ruht
Herr Tobias Mair
Bürgerl. Metzgermeister
und seine noch
lebende Gattin.

Viel' genossen, viel gelitten,
Und das Glück lag in der Mitten,
Viel empfunden, nichts erworben,
Froh gelebt und leicht gestorben.
Fraget nicht nach der Zahl der Jahre
Kein Kalender ist die Bahre
Und der Mensch im Leichentuch
Ist ein zugeklapptes Buch.
Drum, Wand'rer, zieh' dich weiter,
Denn Verwesung stimmt nicht heiter.

†††

Hier liegt Bartholomäus Mayer,
In seinem Leben war er Bräuer;
Gott nahm sein Leben, er schuf es,
Er starb als Opfer seines Berufes.

†††

Ihr half kein Arzt, ihr half kein Tee;
Drum ging sie in die Himmelshöh'!

Hier unter diesem Leichenstein
Ruht eine Jungfrau: Rosa Klein.
Sie suchte lang
vergebens einen Mann,
Zuletzt nahm sie
der Totengräber an.

†††

Der Bodensee war mein kühles Bette,
Am Mittag war mein Ende nah!
Vergebens rief ich: Rette, rette!
Obgleich man mich ertrinken sah.
Drum schlief ich denn ganz ohne Pein
So nach und nach im Wasser ein.

†††

Es tönt keine Klage,
Es klinget kein Schmerz,
Hier ruht unser Glück
Hier liegt unser Herz.

Zum Angedenken an den
Joseph Fischbacher,
welcher hier in diesen Wasserfluten
sein Leben geendet hat.

Des Menschen Los ist hier verschieden,
Den Tod entgeht doch nichts hienieden,
Den Ort und Zeit hat Gott bereit;
In Wasserfluten und auf der Gassen,
Im hohen Gebirg und auf der Straßen
Geht mancher in die Ewigkeit.
Den 29. Mai 1855.

✝✝✝

Hier liegt ein armes Sündenaas,
Das seine Sünden in sich fraß,
Gleich wie der Rost die Zwiebel.
Ach nimm mich Sündenhund beim Ohr
wirf mir den Gnadenknochen vor,
Und lass mich Sündenlümmel
In deinen Gnadenhimmel!

Barmherziger Gott,
Allhier in Asch und Staub
Liegt in der größten Not
Der Untermeister Schaub.
Da nächstens diesem Pfahle
Deckt ihn die Erde zu,
Leser schenk ihm ein Ave,
wünsch ihm die ewig Ruh.
1785.
Auch da in diesen toten Auen
Liegen seine zwei geliebten Frauen.

✝✝✝

Hier ruht der Brauersepp,
Gott Gnad für Recht ihm geb!
Denn viele hat, was er gemacht,
Frühzeitig in das Grab gebracht.
Da liegt er nun, der Bierverhunzer.
Bet, o Christ fünf Vaterunser.

✝✝✝

Hier ruht im stillen grünen Hain,
Mein sel'ger Mann, der Förster Stein,
Das Trinken ließ er nimmer sein;
Er starb Gott mög' es ihm verzeih'n
Aus reiner Lieb zum Branntewein.

†††

Hier ruhet Wenzel Podibrat
Leibkutscher beim Grafen Kolowrat,
Über sein Bauch ging Wagenrad,
weil er immer war so brav,
Ließ Stein ihm setzen der Herr Graf.

†††

Hier ruht
der reiche Led'rermeister,
Patriz Gandelhofer heißt er:
Mit seidne Strümpf
und Schnallenschuh'
Ging er ein zur ew'gen Ruh.

Hier ruht
Patriz Gandelhofer
Lederermeister
geb. 15.10.1804
gest. 17.6.1879

Hier ruht
der reiche Lederermeister,
Patriz Gandelhofer
heißt er;
Mit seidne Strümpf
und Schnallenschuh'
Ging er ein zur ew'gen Ruh.

BRUNER

Hier ruht Peter Funder,
Der Krapfelder größtes Wunder
G'redt hat er viel, g'logen noch mehr,
Es schenk ihm
die ewige Ruhe der Herr.
Zypressen rauschten,
Würmer lauschten,
Es schreckt' mich nicht,
Denn hinterm Dunkel
Im Sterngefunkel,
Gibt's neues Licht.

†††

Du fragest, wer logiert da d'rin?
Es ist die Anna Schnitzelin;
Sie lag mit 45 Jahr
G'rad zu Martini auf der Bahr.
Sie war von allen Lastern frei
Und trieb sehr stark die Gärtnerei;
Sie hat gebaut viel Ruab'n und Rettig,
Gott sei der armen Seele gnädig.

Victor Mandl.
Weich ab o Tod, du kommst zu spat,
Dich Victor überwunden hat.
In dem er auch nach seinem Tod
Zur Kron der Tugend lebt bei Gott.
Sein Stamm ihn zwar ein Mandl nennet,
Die Tugend doch ein Mann erkennet.

✝✝✝

Herr Fr. Xaver Andrelang,
Metzger von Niederaschau,
sprang hier als das Pferd scheu wurde
den 11. Jänner 1861 im 59. Jahre
aus dem Schlitten und starb an den
Folgen den 9. Tag beim Wirt in Törwang.

✝✝✝

Tränen können sie
nicht mehr lebendig machen;
Darum weine ich.

O Wanderer auf diesen Wegen
Mach' nicht den Tod zu deinem Feind,
Du eilst ihm überall entgegen
Das siehst an mir, mein lieber Freund.

†††

Allhier ist die tugendsame
Jungfrau Gertrud Steixner
glücklicherweise über den Schrofen
herabgestürzt, hat sich aber dennoch
am 26. August 1840
im 67. Lebensjahre zerfallen.

†††

Man spricht, ich will schon morgen
Für meine Seele sorgen,
Das sieht gefährlich aus!
Das GRAS steckt voller Tücke,
Liest man das Wort zurücke,
so kommt ein SARG heraus.

Mich, eine Fuhrmännin von Geschlecht,
Hat der Tod umg'worfen –
Nimm dich nit Wunder –
mein Fuhrknecht war blind,
das Grab war offen,
Darein bin ich gefallen,
Darin lieg ich noch
Tu' doch den Himmel hoffen!
1671

✝✝✝

Nackend sind wir auf Erden gekommen
Und nichts mit uns dahingenommen
Allein ein Tuch in unser Grab
Von allem unser Gut und Hab'
Aber den Namen Jesu Christ
Der unser aller Heiland ist,
Den halten wir für unsern Gewinn
Sonst ist all unser Tun dahin.

✝✝✝

Den Todten Kopf hie nimm in Acht
Darbey o Mensch den Todt betracht,
Gedenk das auch muest unter d' Erden
Einmal zu Staub und Asche werden.

†††

Sie diente Gott und seinem Priester
In ihrem Leben immerdar.
Mit frommem Sinn, der niemals lüstern
Nach eiteln Weltgenüssen war.

†††

Kombt ihr Schäflein laßt eich weiden
wan ihr wolt mei Scheflein sein,
Fihr eich mit größten Freiden
in die Himmels Weiden ein.
Kombt der Wolf und will Vieh schrecken,
Graifet um den Hirten Stecken
rufet Jesu eiren Hirt
Der Wolf gar bald weichen wird.

Hier hinter Friedhofsgittern
Da ruht ein morsches Haus,
Das trank so manchen Bittern
Kelch des Leidens aus.

Gottfried heiß ich –
In den Himmel reis ich –
Will sehen was Gott Vater macht.

†††

Steh Wand'rer still,
schau' eines Mannes Schmerzen,
Hier liegt mein Weib, so sanft, so mild.
Jetzt liegt ein Stein auf ihrem Herzen,
Auf meinem keiner mehr!

†††

Bei Brettern wurd ich jung,
wuchs auf und wurd auch alt,
In Brettern eingesperrt
hat mich des Tods Gewalt
Dergleichen Wohnhaus
Hab ich mehrern zugericht't,
wer dir eins bauen wird
zu sagen weiß ich's nicht.

Sebastian Burker.

Ein braver Soldat ist er gewesen,
Bei siebthalb Schuach hat er gemessen,
Er zog für König und Vaterland
Hinein mit ins Franzosenland.
Da haben die feindlichen Granaten
Zerrissen ihm Schienbein und die Waden.
Einen Fuß musst er in Frankreich lassen
Und hier dann ganz zu Tod erblassen.
O heiligste Dreifaltigkeit
Mach ihm den Himmelsweg nicht weit,
Mit einem Fuß an seiner Krücken
Kann er die Straß nur langsam hinken.
Und heißt es einmal auferstehen,
Schenk ihm den andern Fuß zum Gehen,
Damit er bei der Parade droben
Dich recht kann mit zwei Füßen loben.

✝✝✝

Hier in dieser Gruben,
liegen zerstessen zwei Buben.

Gott hat's mit Joggl gut gemeint,
In Russland wär er unbeweint
In Eis und Schnee verdorben,
So ist er derheimbt verstorben.
Versehen mit dem hl. Sterbsakrament –
Gott geb uns allen ein gleiches End.

†††

Hier liegt der Förster Rupert Huss,
Er starb an einem Büchsenschuss,
Der auf der Jagd von Ohngefähr
Ihn hat getroffen folgenschwer.
Zum Glück konnt man ihn noch verseh'n,
Gott lass ihn fröhlich aufersteh'n!
Ich nannt' ihn oben Rupert Huss,
Doch hieß er in der Tat Franz Leim,
Das aber passte nicht zum Reim.
Was hätte ich mit dem Leim gemacht?
Wie hätt' den Schuss ich angebracht?
An dem er doch verschieden ist
Als Jägersmann und guter Christ.

Hier ruht der alte Schuvanek,
Im Kriege sanft, im Frieden keck,
Er war ein Engel diesseits schon
Und G'freiter im Jäger-Bataillon.

†††

Hier liegt ein guter Mann,
Kaum gütiger zu denken;
Er stahl sich selbst den Schlaf,
Um Andern ihn zu schenken!
[Am Grab eines Schriftstellers]

†††

Steh still, les, hör
und hie beschau
Das letzte Licht von Liechtenau,
Mit dem auf ewig war der Stamm
Zugleich erloschen dessen Nam'.
Da ruhet, lieget und ist begraben
Was die Welt nicht mehr kann haben.

Ruhe Vater, von aller Plage
in der stillen Gruft nun aus.
Steh vergnügt am letzten Tage
froh mit der Posaune auf.

†††

Hier ruht Thomas Mest,
Im Leben ist er gewest
Schneider aus Prag,
Hat gearbeitet Nacht und Tag.
Wer war schuld an seinem Tod?
Unausgebackenes Laibl Brot.

†††

Wanderer zieh deine Mütze,
Es liegt ein Komiker & schlechter Schütze
In diesem feuchten Loch.
Die Witze, die er sagte,
Die Hasen, die er jagte,
Die leben alle noch.

Ruhe, Vater, von aller Plage
in der stillen Gruft nun aus.
Steh vergnügt am letzten Tage
früh mit der Posaune auf.

TELFS

Grob ist dieser Stein,
Noch gröber war Defunctus.
Leser! polier dich fein,
Sonst wirst du sein Adjunctus.

†††

Das eine fällt von einem Fels hinab,
Das and're find't
in einem Bach sein Grab.
Es kommt der Tod,
er scheut kein' Zeit noch Ort,
Mit seiner Sense mäht er alles fort.

†††

O Gott hilf mir erwerben
Christlich zu leben, selig zu sterben.
Christlich gelebt und selig gestorben
Hat dem Teufel das Spiel verdorben.

†††

Ein Glück – ein Unglücksfall
Hat sich hier zugetragen,
Es zeigt es das Gemäld,
Es braucht kein weiter Fragen.
Die Wiege auf dem Kopf
Die Mutter voller Eil
Nach Hause wollte, denn
Des Windes Sturmgeheul
War fürchterlich, hier riss
Vom Baum ein Ast sich los,
Der schlug die Mutter tot,
Das Kind nicht, welches Los!
Das hat die Vorsicht zu
Was Anderm vorbehalten,
Du Grübler, grüble nicht,
Durchgrüble nicht ihr Walten.

†††

Glück und Unglück nimm in Ruh',
Alles geht vorüber,
Und auch du!

Denkmal des ehr und züchtigen Jüngling
Kaspar Tschugg, so den 23. August 1791
seines Alters 64 Jahre hier im Pfarrturm
zu Staub und Asche verbronnen ist.
Der Eifer womit ich hab
Gott dein Haus verehrt
War so groß, dass ich darin
wurd vom Feuer verzehrt.
Darum o Gott in jener Welt
mich mit Feuer verschon
Und gib mir zum Lohn
die erwünschte Himmelskron.

†††

Plötzlich hat der Herr
den Faden abgewunden,
Den gesponnen du in voller Wirksamkeit,
Und weil treue Liebe er in dir gefunden
Rief er dich zur ew'gen Seligkeit.
Wenn in Liebe wir jetzt um dich weinen,
Wird einst die Liebe uns mit dir vereinen.

Über den Sternen steht es geschrieben:
Nur bei Gott gibt's wahren Frieden.

†††

Der fromme Bergmannssinn,
den er im Leben stets bewahrt,
Der gab ihm das Geleit
auch bei der letzten Grubenfahrt.
[Grab eines Bergmannes]

†††

Leb' wohl, mein lieber Ehemann,
Das Band der Ehe ist zerbrochen,
Ich hab' dir meine Weibestreu
Nur so lang ich leb' versprochen.

†††

Der Baum verdirbt, die Frucht fällt ab,
Gott hat die Seel, den Leib das Grab.

Hier schläft der Schreiner Raimund Karg
in seinem selbstgebauten Sarg.
Er fand, in dieser Eigentruhe,
nun die letzte Ruhe.

†††

Ruh'los nach oben
Türmst du Stein auf Stein
Und bau'st doch immer tiefer
In die Erd' hinein.

†††

Kurz war die Szene seines Lebens
Und schnell die Reise in die Gruft;
Wir rufen ihn dahier vergebens,
Bis Gott ihn selbst dereinstens ruft.

†††

Dem biedern Manne stirbt sein Name nie.

Ich sinke zur Verwesung ein,
Und werde wieder Erde;
Doch werd' ich nicht auf ewig sein,
Was ich im Grabe werde.

†††

Wer stets bedenkt der Dinge drei:
Der ist von Gottes Strafe frei:
Was er war und was er ist,
Und was er wird sein in kurzer Frist.

†††

Auf dem rauhen Pfad des Lebens
Wechselt Glück und Unglück ab,
Doch die Hoffnung führt uns freundlich
Von der Wiege bis zum Grab.

†††

Gottes Will' hat kein Warum.

Wanderer mach' das Türl auf!
Hier hat geendet sein' Lebenslauf
Der edle Herr von Kleister
War lange Bürgermeister
Zu Straubing in der Donaustadt
Die Wiese er regieret hat.
Der Herr geb' ihm die ew'ge Ruh'!
Jetzt Wanderer mach's Türl zu.

†††

Hier ruht Theresia Feil,
Sie starb in aller Eil';
Von Heustocks Höh' fiel sie herab.
Sie fiel in eine Gabel;
Zum großen Lamentabel
Fand sie darin ihr Grab.

†††

Magst nichts machen, wenn Gott will,
Anna Maria Prantnerin.

Hier liegt Hans Gottlieb Lamm,
Er starb durch'n Sturz vom Damm,
Eigentlich hieß er Leim,
Das passt aber nicht in 'n Reim.

†††

Hier liegt ein Mann, der treu ergeben
Der Kunst gewesen und der Ehr',
Er war nicht viel in seinem Leben
Und jetzo ist er gar nichts mehr.

†††

Hier unter diesem Leichenstein
Ging dieser Mann zur Prüfung ein.
O lieber Gott nimm ihn beim Ohr,
Wirf ihm dein' Gnadenknochen vor,
Und zieh' den Sündenlümmel
In deinen Gnadenhimmel.
Amen.

In dieser kühlen Kammer
Ruh' ich aus von allem Jammer,
Den diese schnöde Welt mir gab
Zu kosten bis hinab ins Grab.

†††

Da schlafen wir geborgen,
In stiller, tiefer Nacht,
Bis Gott am schönsten Morgen
Uns ruft: Erwacht, erwacht!

†††

Es liegt hier unter diesem Stein,
Ein mag'res, dürres Schneiderlein,
Und stehen einst die Toten auf,
So hilf ihm, lieber Gott, herauf,
Und reich' ihm deine starke Hand,
Denn er allein ist's nicht im Stand.

†††

In diesem kleinen Grübelein
Da liegt mein liebes Hänselein.

†††

Hier unter diesen Toten
Liegt die Generalin Poten,
O Wanderer fliehe schnell von hier
Sonst steht sie auf und walzt mit dir!
[Grab einer Tanzlustigen]

†††

Hier in diesem letzten Winkel
Lieg' ich gut und sorgenfrei.
Durch des Küsters Eigendünkel
Bleib' ich diesem Spruch getreu.

†††

Rauhen Erdensorgen
Früh entronnen – still geborgen.

Hier lieg' ich begraben,
Wo ich bin, kann niemand sagen;
Der hintritt auf mein Grab,
Schlag' mir ein Vaterunser ab.

†††

Allda liegt in Grabesruh'
Herr Johann Baptist Schuh,
Wirt dahier zur Gold'nen Waage,
Bis zum Auferstehungstage.

†††

Der uns einst das Leben gab,
Ruhet hier in diesem Grab
Und seine Söhne, ach! weinen um ihn;
Und sehnen sich nach dem Vater hin:
Hast du Tod den Stammen gefordert,
Nimm den Zweig auch, dass er modert.

†††

Hier ist begraben Tobias Brand
Er litt schwer an Gries und Sand,
Der Tod heilt' ihn von seinen Leiden,
Und brachte ihm die ew'gen Freuden.

✝✝✝

Wer tief und still im Grabe liegt,
Hat über Schmerz
und Tod gesiegt,
Er lebt in Gott, der uns vereint,
Zum Trost für den,
der trostlos weint.

✝✝✝

Hier schläft
nach langer Arbeit sanft genug,
Der Schüler, Orgel,
Weib und Kinder schlug.

✝✝✝

Da liegst du, Schusterle,
da kannst du ruhig schlafen,
Ein schön's Quartier, jawohl,
hat dir die Welt geschaffen,
Ein Haus, wo keine Fenster d'rin,
sechs Bretter dein Gemach,
Darinnen deine Totenbein,
die Erde ist dein Dach.

†††

Hier liegt mein Leib, ein Würmerhaus,
Gedenk', es bleibt auch dir nicht aus,
Geh' nicht vorbei und bet' für mich,
Die Reihe kommt einst auch an dich.

†††

Hier ruh' ich in dem Staub der Erd',
O Herr, erweck' mich mit der Herd',
Dass ich als Schaf zur rechten Hand
Geh' in das ew'ge Vaterland.

Ist gestorben hier H. Ostermayer,
Geboren zu Markt Großschweyer;
War Organist in Stadt allhier,
Hat nie 'trunken Wein und Bier,
War gelehrt, fromm und gut,
Nun er im Himmel singen tut.

†††

Hier ruht in Gott Nikolaus Tonie,
Ach! er ertrank, man fand ihn nie.

†††

Hier liegt der Vater und der Sohn,
Ein Alter und ein Junger;
Der Tod schaut die Person nicht an,
Und sorgt für seinen Hunger:
Bald schluckt er ein Jung in sich,
Bald frisst er einen Greisen;
O Sterblicher! so lasse dich
Doch einmal unterweisen.

Hier ruhet Frau N. N.
Ihr Geschäft war, wohlzutun,
D'rum lass' sie, Herr! im Frieden ruh'n.

†††

Werter Freund und werter Gatte,
Ruhe sanft in deiner Gruft,
Bis dich Gott im Himmel ruft.

†††

Hier unter diesem Kreuzesstein
Ging dieser Mann zur Prüfung ein.
Er wartet auf die ewige Ruh'
Er drückt' erst ein, dann beide Augen zu.

†††

Baut nicht so sehr auf junge Jahr'
Sie sind am meisten in Gefahr,
Denn seh't, ich zähl' erst 18 Jahr'.

Hier
unter diesem
Kreuzesstein
Ging dieser Mann
zur Prüfung ein,
Er wartet auf die ewige Ruh'
Er drückt' erst ein, dann
beide Augen zu.

ST. LEONHARD

Der gut und schlecht hat eingebunden,
Hat seinen Meister jetzt gefunden,
Er liegt im Grabe hier broschürt,
Bis Gott ihn selbst einst binden wird.

†††

Hier ruht in Gottes Erde,
Der Hirt bei seiner Herde,
Als weiser, kluger Mann
Hat er gered't, gedacht, getan.
Auch um Gott nicht zu missfallen,
Gibt er der Kirch', den Armen allen,
Es wird ihm dann in Ewigkeit
Sein Lohn zu Teil – die Seligkeit.

†††

Herr, lass' mich nicht im Grabe liegen,
Zu deiner Glorie lass' mich fliegen,
Erweck' mich auf zur Herrrlichkeit,
Dass ich dich lob' in Ewigkeit.

Hier an dieser Freithofmauer
Liegt der alte Maler Schauer;
Bet' ihm einen Rosenkranz,
Dem verdammten Katzenschwanz.

†††

Hier liegt der Jeremias Keil,
Gebürtig aus Dortelweil.
Der machte sich auf ganz allgemach
Und kam nach Butzbach.
Dann tat er einen Schlich
Und kam nach Lich.
Nachdem er den Leuten
die Löcher gefegt,
Hat man ihn hier zur Ruhe gelegt.

†††

Leb' wohl, liebes, teures Herz,
Dein kurzes Leben
war ein langer Schmerz.

Hier ruht der kleine Peter Schwerle,
In Gansheim war er einst Pfarrherrle;
Lieber Freund, gedenke doch
an diesen kleinen Mann,
Der weder wälsch noch deutsch
mehr beten kann,
Ja, er ruhe sanft in jenem seligen Frieden,
Den ihm der Herr
als Arbeitslohn beschieden.

†††

Hier unter diesem Stein
Liegt begraben allein
Der Vater und seine Tochter
Der Bruder und seine Schwester
Der Mann und sein Weib
Und sein doch nur zwei Leib

†††

Er lebte, nahm ein Weib und starb!

Hier ruht ein seltner Advokat,
Der Unrecht nie verteidigt hat
Und Eintracht jedermann empfahl –
Er starb im Hospital.

†††

Hier liegt der alte Abenthau,
Er starb an einer jungen Frau!

†††

Hier liegt ein junges Öchselein,
Des Tischlers Ochs sein Söhnelein.
Der liebe Gott hat nicht gewollt,
Dass es ein Ochse werden sollt,
Drum nahm er es aus dieser Welt
Zu sich ins schöne Himmelszelt.
Der alte Ochs hat mit Bedacht,
Kind, Vers und Sarg,
alles selbst gemacht.

Olympia schläft unter diesem Stein,
Wie sie nur selten schlief – allein.

†††

Hier liegt Amasia
zur Seite ihres Mannes begraben.
Und wo die anderen,
die bei ihr gelegen haben
Oho! Da müsste ganz allein,
Für sie ein eigner Kirchhof sein.

†††

Hier liegt begraben: Balthasar Melcher
Im Leben Metzgerknecht
gewesen ist welcher.

†††

Schafft hier das Leben gut und schön,
Kein Jenseits gibt's, kein Wiedersehn.

Hier liegt begraben:
Balthasar Melcher
Im Leben Metzgerknecht
gewesen ist welcher.

LOFER BEI SALZBURG

Nur 3 zählt man der Furien, der Hölle Zier;
Xanthippe stieg hinab –
jetzt zählt man vier.

†††

Befreie doch mich arme Gruft,
O Wanderer, von diesem Schuft!

†††

Gar kurz ist's bis zur Ewigkeit,
Das merkt auch Fuhrmann Hebestreit.
Um viere fuhr er fort,
Um fünfe war er dort.

†††

Glück und Unglück,
beides trag in Ruh!
Alles geht vorüber
und auch du!

Hier ruht unser teurer Sohn.
Sanft ruhe seine Asche,
welche zu großen Hoffnungen berechtigte.

†††

Hier liegt unser geliebter Junker,
und als er tot war, stunk er.

†††

R. suchte Steine durch sein ganzes Leben,
Und suchte nie sich satt;
Hier hat man einen ihm gegeben,
Woran er Genüge hat.
Gedankenlos versammelt er
noch Ungeziefer um sich her.

†††

Beerdigt ist nicht beendigt,
Geendet ist nicht vollendet.

Hier ruht Herr Sekretarius Balthasar Lühr.
Für jedes Amtsgeschäft,
da nahm er eine Gebühr.
Hier liegt er nun,
der nichts umsonst getan;
Es schmerzt ihn,
dass man dies umsonst hier lesen kann.

†††

Den Pfarrer Sedulim
Verschließet dieses Grab.
Gott gab den Schlummer ihm,
Den er den Hörern gab.

†††

So wimmle gen Himmel
vom Erden-Getümmel
Ermüdeter Geist:
Lass fahren die Klumpen
die stinkenden Lumpen
wie Jesu dich heißt.

Dass ich gestorben bin,
Das weißt du;
Ob ich im Himmel bin,
Das fragst du,
Nicht sterben, aber im Himmel sein,
Das willst du.

†††

Marsch, fort, Leser!
Vierliere hier deine Zeit
nicht mit Lesen alberner
Prosa und schlechter Verse.
Was mich betrifft, so sagt
dir mein Grab, was ich bin,
was ich war, geht dich
einen Dreck an.

†††

Hier ruht er, wenn der Wind nicht weht!
(Grabinschrift auf einen Gehenkten)

Auf einen Herrn Kuhschwanz, der nicht mit
seinem Namen benannt werden wollte:
Hier liegt verriegelt und verrammelt,
was der Kuh am Arsche bammelt.

†††

Hier liegt ein großer Herr
in seinem Grabe,
Der uns ein unleugbares Beispiel gab,
Dass man auch ohne Herz kann leben
Und sterben ohne Geistaufgeben.

†††

Hier unter diesem Leichenstein
Ruht eine Jungfrau:
Rosa Klein.
Suchte lang vergebens
einen Mann,
Zuletzt nahm sie der
Todtengräber an.

Hier
unter diesem
Leichenstein
ruht eine Jungfrau:
Rosa Klein.
Suchte lang vergebens
einen Mann,
Zuletzt nahm sie der
Todtengräber an.

WIEN

Zypressen rauschten,
Würmer lauschten,
Es schreckt' mich nicht,
Denn hinterm Dunkel
Im Sterngefunkel
Gibt's neues Licht.

†††

In Sauerlach bin ich geboren
Hier hab' ich mein Leben verloren;
Jetzt liege ich im Rosengarten
Und muss noch auf mein Eh'weib warten.

†††

Es sei jedem Menschen Kunde
G'rad um die Mitternachtstunde,
War der Todesengel schrecklich keck:
Er nahm den Kleinen den Vater weg,
Und riss auch ohne all' Erbarmen
Das Kind der Mutter aus den Armen.

Hier liegt ein armes Sündenaas,
Das seine Sünden in sich fraß,
Ach nimm mich Sündenhund beim Ohr
Wirf mir den Gnadenknochen vor,
Und lass mich Sündenlümmel
In deinen Gnadenhimmel!

†††

Bei Brettern wurd ich jung,
wuchs auf und wurd auch alt,
In Brettern eingesperrt
hat mich des Todes Gewalt.
Dergleichen Wohnhaus
hab ich mehrern zugericht't,
Wer dir eins bauen wird,
zu sagen weiß ich's nicht.

†††

Der Himmel ist ja alles wert,
Ein Dunst nur ist, was gibt die Erd.

Er lebte, sang und litt
In trüber schwerer Zeit,
Er suchte hier den Tod
Und fand Unsterblichkeit.

†††

Hier liegt ein Mann, der treu ergeben
Der Kunst gewesen und der Ehr',
Er war nicht viel in seinem Leben
Und jetzo ist er gar nichts mehr.

†††

Hier ruhen in Frieden,
Im Tode wie im Leben ungeschieden …

†††

Hier ruht Anselm Feuerbach,
Der im Leben manches malte,
Fern vom Vaterlande, ach,
Das ihn immer schlecht bezahlte.

Launige
Grabschriften
aus einer Schrift
des Jahres 1786

Auf einen Advokaten.
Gott tut noch Wunder dann und wann!
Hier ruht ein Advokat,
und ein rechtschaffner Mann.

†††

Auf Junker Hansen.
Ich, Junker Hans, von sechzehn Ahnen,
Der Tod' der Hasen und Fasanen,
Harr' auf die Auferstehung hier.
Doch sollt' es, ach! in jenem Leben
Nicht Hasen noch Fasanen geben:
So lasst mich ruhn;
was wollt ihr dort mit mir?

†††

Auf einen Heuchler.
So ist er tot, der große Held
In der Verstellungskunst?
Ach! wenn er sich
nur diesmal nicht verstellt!

Auf einen Faulenzer.
Hier ruht Herr van der Klee,
Wie er geruht im Leben,
Nur dass man, statt des Kanapee,
Ihm diesen Sarg gegeben.

†††

Von einem Witwer aufgesetzt.
Hier ruht mein selig Eheweib
In dieses Grabes Höhle.
Zuweilen waren wir ein Leib,
Doch niemals eine Seele.

†††

Hier liegt Alpin.
Es sagt sein Leichenstein,
Alpin sei hochgelehrt gewesen.
O könnt' er das noch sehn,
wie würd' er sich nicht freu'n!
Nur, freilich,
konnt' er nicht gut lesen.

233

Auf Herrn Albernoch.
Wie doch die Leute sind!
Kaum starb Herr Albernoch,
So sollt' auch schon sein Geist erscheinen!
Und als er lebte, sprach man doch,
Er habe keinen!

✝✝✝

Auf einen achtzigjährigen Kirchendiener.
Lies Wanderer, dass du vom Exspirierten
Seine Existenz als Körper dartun kannst:
Die Kirche ach!
verlor Ihro Hochehrwürden
Ein dreyfach Kinn
und respektabeln Wanst.

✝✝✝

Auf einen Schreiber.
Wird dieses Herrchen einst
des Weckers Stimme hören,
So kommt es ohne Kopf,
den konnt' es stets entbehren.

Hier liegt
Andreas Hut,
der auf Weib
und Kinder thut
warten.

PITZTAL

Auf einen Rechtskonsulenten.
Der gute Mann! Er ist verschieden
Und was sehr schwer ihm fiel – in Frieden.

†††

Auf den Tod unseres Pfarrers.
O, stellt das Klagen doch ein!
Seid heiter und lustig, ihr Knaben!
Denn , hätte dieser gelebt,
er hätte uns alle begraben.

†††

Auf einen Stuzer.
Man wird, wer dieser Herr gewesen,
Schon riechen, ehe mans wird lesen.

†††

Alles Getrennte
findet sich wieder.

Auf einen Mineralogen.
Er suchte Steine durch sein ganzes Leben,
Und suchte nie sich satt.
Hier hat man einen ihm gegeben,
Woran er Genüge hat.

†††

Auf einen Kleinmütigen.
Hier liegt ein Mann, der, als er lebte,
Stets zwischen Glaubenszweifeln
schwebte;
Er schied, den Kopf von Skrupeln voll,
Aus dieser Welt, um von den Scharen
Des Totenreiches zu erfahren,
Was man im Leben glauben soll.

†††

Für Verliebte.
Die Summe des Lebens sind die Stunden,
in denen wir liebten.

Auf einen unwissenden Naturaliensammler.
Herr Knips liegt hier, der gute Mann.
Mit seiner Sammlergabe.
Was er im Leben einst begann,
Beginnt er noch im Grabe:
Gedankenlos versammelt er
Noch Ungeziefer um sich her.

†††

Eines Spaniers auf seinen gehenkten Vetter.
Mein Vetter Xott schloss hier die Augen zu.
O Wanderer, sieh in die Höhe;
Und wünschest du
dem armen Sünder Ruh,
So wünsche – dass der Wind nicht wehe.

†††

Auf eine Ehefrau.
Mein Weib deckt dieser Grabstein zu
Für ihre – und für meine Ruh!

Auf einen Kandidaten der Theologie.
Hier liegt vergraben Herr Stieber.
Die Mädchen waren ihm lieber
Als seine hebrä'sche Bibel.
Geh Wanderer – nimm's nicht übel!

†††

Auf ein zorniges Weib.
Hier liegt mein Sarchen – großen Dank!
Ihr Leben war ein steter Zank. –
O Wandrer, fliehe weit von hier,
Sonst steht sie auf und zankt mit dir!

†††

Auf einen General.
Hier ruht ein großer Held –
lässt dieser Marmor lesen,
Nur Schade – dass der Mann
in keiner Schlacht gewesen.

Auf einen reichen Vetter.
Des reichen Vetters Tod
(den größten Filz auf Erden)
Beweinen seine Erben sehr –
Doch sollt' er wieder lebend werden;
So wär' des Jammers noch weit mehr!

†††

Auf einen Geken.
Hier ruht ein Liebender,
der nicht Mitbuhler kannte,
Ein Jüngling, dem an Reiz
Adonis selber wich,
Der ewig treu für
seine Schönheit brannte –
Nie ward sie treulos ihm –
Wen liebt' der Jüngling?
– Sich –

†††

Auf ein verliebtes Mädchen.
In ihrer Jahre Lenz schied Iris aus der Welt,
Das gute Mädchen starb – vor Liebe!
Auf Erden schon fühlt's ätherische Triebe,
Drum wards so früh
den Engeln zugesellt!

†††

Auf einen verhassten Staatsmann.
Es lässt sich seinen Tod
kein Mensch zu Herzen gehen
Als ich – gern möcht' ich ihn,
erhöht am Galgen sehen!

†††

Auf einen Säufer.
Hier liegt Melamp –
sein Lebenslauf war der:
In Keller ging er hin –
vom Keller kam er her.

Auf einen Faulenzer.
Der träge Licida
starb gähnend,
wie er lebte,
Das letzte Wort,
das noch auf seinen
Lippen schwebte.
War das.
Ich reise weg,
und werde glücklich nun,
In jener Welt –
gibt's ja nichts mehr zu tun.

†††

Auf einen verliebten Offizier.
Hier ruht Herr Wind –
nach mancher Beut' und Siege,
Besiegt der Tod den jungen Held,
Ein Mars war er –
in Amors kleinem Kriege,
Ein Mädchen nur – in Mavors Feld.

Auf den falschen Mendax.
Hier liegt der Wahrheit treuster Freund,
Der Lügen abgesagter Feind;
Ein echter Biedermann und Christ! –
An diesem Lob, könnt' er's erblicken,
Würd' ihn gewiss nichts mehr entzücken,
Als dass es eine Lüge ist.

†††

Auf einen Tiroler Edelmann.
Ach! Ach! Ach!
Hier liegt der Herr von Kühbach.
Er ist geboren am Gardasee,
Und gestorben am Bauchweh.
Auhweh! Auweh! Auweh!

†††

Eines poetischen Schulmeisters Knäblein.
Hier liegt, Hans, Hänselein!
Er war mein Söhnelein! – ipse fecit.

Hier liegt die
Jungfer Rosalind,
geboren als
ungewünschtes Kind.
Ihr unbekannter Vater
war Kapuziner-Pater

Auf eine hilflos gelassene Jungfer.
Im schönsten Frühling ihrer Jahre
Liegt Magdalis schon auf der Bahre.
Was war des armen Mädchens Tod?
Ach! Wandrer, sie war niemals rot! –
Ja, freilich war dies ihr Verderben,
Stets bleich und blaß, sie musste sterben.
O! wie bedauert man
das allerliebste Kind,
Da für dies Übel doch so viele Ärzte sind.

†††

Auf eine galante Frau.
Hier liegt Amasia
bei ihrem Mann begraben.
Doch, würden alle die zur Ruhe traben,
Die so vertraut, als er,
mit ihr gescherzet haben, –
An ihrer Seite hier begraben? –
So müsste für sie ganz allein
Ein eigner Kirchhof sein!

Auf einen neugebackenen Edelmann.
Dem Adel gab Herr Stinx nichts nach,
Er war ein Bauer, wenn er sprach –
Vielleicht, weil – unter uns gesagt –
Der Vater adelig war,
die Mutter eine Magd.

†††

Eines Ehemanns auf sein drittes Weib.
Hier liegt mir nun mein 3. Weib entrissen:
Seht meine Tränen hier, sie fließen bitterlich
Ich armer Mann! – wer tröstet mich? –
Ich werde wohl die 4. nehmen müssen.

†††

Auf einen Apotheker.
Womit der Topf ist eingeweiht
Danach riecht er in Ewigkeit!
Drum ladet hier die Würmer ein,
Hans Spritz, ein Apothekerlein.

247

Eines Dichters, von ihm selbst.
Ein Dichter war ich von Natur,
das Glücke hat mir nichts gegeben,
Und meine Liebe war die Schuld,
dass ich in Armut musste leben.
Ich stieg getrost und still
in meine Gruft hinab,
Ich, der ich lebenslang
die stille Ruh' verehret.
Damit nun nach dem Tod
nichts meine Asche störet.
Singt, schlechte Dichter,
ja kein Lied bei meinem Grab!

†††

Auf einen Arzt.
Hier ruht ein Arzt,
ein Muster unsrer Tagen.
Die Kranken konnten über ihn nicht klagen:
Er ließ sie alle erst,
– dann sich – zu Grabe tragen.

Auf einen Narren.
Hier liegt ein ganzer Narr.
Wohlan, mein Leser sprich:
Wer ist der größte Narr?
Bist Du es oder ich?

†††

Auf eine alte Jungfer.
Ich suchte lang vergebens einen Mann;
Zuletzt nahm mich
der Totengräber an!

†††

Eines Friedfertigen, von ihm selbst.
Welche Kinder sind nicht wir,
Die wir immer hier
Streiten, zanken um die Wette,
Und einander Böses tun:
Doch zuletzt in einem Bette
Unsrer Mutter Erde ruhn!

Auf ein 19jähriges Mädchen.
Sie war ein Kind voll schlauer Lust,
Sie fühlte ihre neunzehn Jahre:
Doch Angst beklemmte ihre Brust,
Und bracht' sie auf die Totenbahre.
Das arme Kind, was fehlt ihr dann?
Ein Mann! Ein Mann!

†††

Auf einen Lustigmacher.
Warum gibt, um so kurze Freuden,
der Mensch sich doch so große Müh?
Die meisten Lüste gleichen Blumen,
wenn sie gepflückt sind, sterben sie.

†††

Auf einen Hartherzigen.
Marmor schließt hier einen Menschen ein:
Er selbst war härter noch und kälter,
als der Stein.

Auf einen Freigeist.
Er starb, als würd' er
einst kein ander Leben haben;
Und lebte so verkehrt,
als würd er nie begraben.

†††

Eines unverdienten Alten.
Nicht der, den man als Greis begräbt,
Hat lang gelebt.
Nach Taten zählet man,
wie lang das Leben war.
Auch dieser Alte starb im 3. Lebensjahr.

†††

Auf einen Atheisten.
Der hier fault, war sicher nicht,
wie man spricht, ein Atheiste:
Seine Götter hießen Bauch,
Reichtum und der Venus Lüste.

Auf einen Pedanten.
Ihr, die ihr nach der Mode lebt,
Und stets nach etwas Neuem strebt,
O lernet Sterbliche. Vom Lehrer Bartele.
Auch sterben nach der neuesten Mode:
Er segnete die Welt in einer Periode!

†††

Auf einen Gewinnsüchtigen.
Hier lieget Sylvius,
der nichts umsonst getan:
Es schmerzt ihn,
dass man dies umsonst jetzt lesen kann.

†††

Auf einen Pfarrer.
Zu unserm doppelten Verlust,
ward unser Pfarrer uns entrissen;
Sein Lehren zeigt' uns, was wir tun,
sein Leben, was wir lassen müssen.

253

Auf einen Hypochondristen.
Freund, unter diesem Sand
Liegt einer eingescharrt,
den wenige gekannt;
Der Wenigen gefiel, dem Wenige gefallen;
Er ist am wenigsten von allen.

†††

Auf einen Furchtsamen.
Hier liegt Phobos! Er starb vor Gram,
Vor künft'gem Übel, eh es kam.

†††

Auf einen starken Geist.
Der hier liegt, hatte nie gelebt,
So stark der Himmel auch gewittert:
Er, der als Philosoph gelebt,
Ward endlich krank, er heult' und zittert'.
Zuletzt schreckt' ihn – was denn für Not?
Sein Spaß – der Tod.

Museumsfriedhof Tirol

*Auf seinem Areal in Kramsach hat der Sag-
zahnschmied Hans Guggenberger jahrelang
historische Grabkreuze gesammelt, restauriert
und aufgestellt. Daraus entstand mit der Zeit
der „Museumsfriedhof Tirol". Es sind aber
nicht nur die einzigartigen Vermächtnisse eins-
tiger Schmiedekunst, die den Besucher faszi-
nieren, sondern vor allem jene „Grabsprüche",*

*Sagzahnschmied Hans Guggenberger (rechts) mit Autor
Martin Reiter (Mitte) und Gotthilf Fischer („Fischer-
Chöre") vor einem seiner kuriosen Grabkreuze.*

die man vor hundert Jahren als Inschriften anbrachte und die heute so manches Schmunzeln entlocken. Die auf dem „Lustigen Friedhof ohne Tote" befindlichen Sprüche und Inschriften stammen zum Großteil aus dem 19. Jahrhundert und hören sich bei einem verstorbenen Organisten etwa so an: „Hier liegt Martin Krug, der Kinder, Weib und Orgel schlug".

Vom Grab eines Bierbrauers ist überliefert: „Christ steh still und bet a bissl: Hier liegt der Brauer Jakob Nissl. Zu schwer fast muss er büßen hier - Er starb an selbstgebrautem Bier."

Der sogenannte „Friedhof ohne Tote" bzw. Museumsfriedhof ist das ganze Jahr über bei freiem Eintritt täglich von 9–18 Uhr geöffnet.

Informationen:
Museumsfriedhof Tirol
A-6233 Kramsach – Hagau 240
Telefon: 0043 (0) 5337 62447
www.museumsfriedhof.info